杭州全书编辑委员会

运河（河道）全书编纂指导委员会

（以姓氏笔画为序）

丁美君　马佳骏　王新宇　史宇光　孙剑甫
李包相　李敏华　何　伟　张　玮　张德平
陈叶根　卓　军　胡红文　杨铁定　洪关良
高小辉　蒋宏源　管光尧　蓝　杰

运河（河道）全书编辑委员会

（以姓氏笔画为序）

马时雍　王志坚　王其煌　王福群　朱宇捷
江兴祐　李　馨　李志廷　李育智　吴海霞
沈旭炜　张晓明　张海印　陈　刚　陈　江
陈巧丽　赵若霖　侯慧舜　顾志兴　顾希佳
徐志军　徐颂列　徐儒宗　龚　钢　裘雪梅

杭州全书·运河（河道）丛书

王国平 总主编

百年汇昌：江南水乡滋味长

王艳 王露 编著

杭州出版社

杭州全书总序

城市是有生命的。每座城市，都有自己的成长史，有自己的个性和记忆。人类历史上，出现过不计其数的城市，大大小小，各具姿态。其中许多名城极一时之辉煌，但随着世易时移，渐入衰微，不复当年雄姿；有的甚至早已结束生命，只留下一片废墟供人凭吊。但有些名城，长盛不衰，有如千年古树，在古老的根系与树干上，生长的是一轮又一轮茂盛的枝叶和花果，绽放着恒久的美丽。杭州，无疑就是这样一座保持着恒久美丽的文化名城。

这是一座古老而常新的城市。杭州有8000年文明史、5000年建城史。在几千年历史长河中，杭州文化始终延绵不绝，光芒四射。8000年前，跨湖桥人凭着一叶小木舟、一双勤劳手，创造了辉煌的“跨湖桥文化”，浙江文明史因此上推了1000年；5000年前，良渚人在“美丽洲”繁衍生息，耕耘治玉，修建了“中华第一城”，创造了灿烂的“良渚文化”，被誉为“东方文明的曙光”。而隋开皇年间置杭州、依凤凰山建造州城，为杭州的繁荣奠定了基础。此后，从唐代“灯火家家市，笙歌处处楼”的东南名郡，吴越国时期“富庶盛于东南”的国都，北宋时即被誉为“上有天堂，下有苏杭”的“东南第一州”，南宋时全国的政治、经济、科教、文化中心，元代马可·波罗眼中的“世界上最美丽华贵之天城”，明代产品“备极精工”的全国纺织业中心，清代接待康熙、乾隆几度“南巡”的旅游胜地、人文渊薮，民国时期文化名人的集中诞生地，直到新中国成立后的湖山新貌，尤其是近年来为世人称羡不已的“最具幸福感城市”——

杭州，不管在哪个历史阶段，都让世人感受到她的分量和魅力。

这是一座勾留人心的风景之城。“淡妆浓抹总相宜”的“西湖天下景”，“壮观天下无”的钱江潮，“至今千里赖通波”的京杭大运河（杭州段），蕴涵着“梵、隐、俗、闲、野”的西溪烟水，三秋桂子，十里荷花，杭州的一山一水、一草一木，都美不胜收，令人惊艳。今天的杭州，西湖成功申遗，“中国最佳旅游城市”“东方休闲之都”“国际花园城市”等一顶顶“桂冠”相继获得，杭州正成为世人向往之“人间天堂”“品质之城”。

这是一座积淀深厚的人文之城。8000年来，杭州“代有才人出”，文化名人灿若繁星，让每一段杭州历史都不缺少光华，而且辉映了整个华夏文明的星空；星罗棋布的文物古迹，为杭州文化添彩，也为中华文明增重。今天的杭州，文化春风扑面而来，经济“硬实力”与文化“软实力”相得益彰，文化事业与文化产业齐头并进，传统文化与现代文明完美融合，杭州不仅是“投资者的天堂”，更是“文化人的天堂”。

杭州，有太多的故事值得叙说，有太多的人物值得追忆，有太多的思考需要沉淀，有太多的梦想需要延续。面对这样一座历久弥新的城市，我们有传承文化基因、保护文化遗产、弘扬人文精神、探索发展路径的责任。今天，我们组织开展杭州学研究，其目的和意义也在于此。

杭州学是研究、发掘、整理和保护杭州传统文化和本土特色文化的综合性学科，包括西湖学、西溪学、运河（河道）学、钱塘江学、良渚学、湘湖（白马湖）学等重点分支学科。开展杭州学研究必须坚持“八个结合”：一是坚持规划、建设、管理、经营、研究相结合，研究先行；二是坚持理事会、研究院、研究会、博物馆、出版社、全书、专业相结合，形成“1＋6”的研究框架；三是坚持城市学、杭州学、西湖学、西溪学、运河（河道）学、钱塘江学、良渚学、湘湖（白马湖）学相结合，形成“1＋1＋6”的研究格局；四是坚持全书、丛书、文献集成、研究报告、通史、辞典相结合，形成“1＋5”的研究体系；五是坚持党政、企业、专家、媒体、市民相结合，形成“五位一体”的研究主体；六是坚持打好杭州牌、浙江牌、中华牌、国际牌相结合，形成“四牌共打”的运作方式；七是坚持权威性、学术性、普及性相结合，形成“专家叫好、百姓叫座”的研究效果；八是坚持有章办事、有人办事、有钱办事、有房办事相结合，形成良好的研究保障体系。

《杭州全书》是杭州学研究成果的载体，包括丛书、文献集成、研究报告、通史、辞典五大组成部分，定位各有侧重：丛书定位为通俗读物，突出“俗”字，做到有特色、有卖点、有市场；文献集成定位为史料集，突出“全”字，做到应收尽收；研究报告定位为论文集，突出“专”字，围绕重大工程实施、通史编纂、世界遗产申报等收集相关论文；通史定位为史书，突出“信”字，体现系统性、学术性、规律性、权威性；辞典定位为工具书，突出“简”字，做到简明扼要、准确权威、便于查询。我们希望通过编纂出版《杭州全书》，全方位、多角度地展示杭州的前世今生，发挥其“存史、释义、资政、育人”作用；希望人们能从《杭州全书》中各取所需，追寻、印证、借鉴、取资，让杭州不仅拥有辉煌的过去、璀璨的今天，还将拥有更加美好的明天！

是为序。

2012年10月

目　录

第一章

旧时归路下塘栖

世界文化遗产——大运河千年流淌，不仅承载着城市发展日新月异的景象，也描绘着动人的乡村振兴故事。在杭州北部，大运河穿塘栖古镇而过，横亘古运河仅存的七孔石拱桥——广济桥，诉说着这里曾经商船往来、人流熙攘的繁华。如今水清岸绿，历史的流转与今日的运河文化旅游打造相得益彰。塘栖古镇在古往今来都占据着很重要的地位，因它位于京杭大运河的南端，京杭大运河穿镇而过，是苏、沪、杭、嘉、湖的水路要津。历朝历代以来，塘栖均为杭州市的水上门户，在明清时，塘栖更是富甲一方，贵为“江南十大名镇”之首，在这里，有着深厚的文化积淀，文人辈出，书香传世。如果将京杭大运河比作一串美丽的珠链，那么塘栖便是其中一颗光彩耀眼的明珠。著名文学大师丰子恺先生曾对它作出如此评价：“江南佳丽地，塘栖水乡是代表之一。”

隋朝大运河始建于大业元年（605），共用工五百余万，历时六年，沟通通济渠、古邗沟、永济渠及江南河。15世纪，运河改道塘栖，塘栖古镇在明末清初，已成为江南水乡著名的水陆码头。大运河促进了广济桥两岸聚市为镇、商旅云集的发展与繁荣，古镇与运河相生相伴，是中国大运河遗产的典型代表；大运河为塘栖带来了发展的机遇，创造了塘栖这座古镇的历史。运河的开凿，最直接的作用在于使运输变得便捷。在交通工具不够发达的过去，河流的作用比陆地上的道路显得更为重要，以其便捷和方便为长处。而在水路中，对比其他河流，运河的条件无疑更加良好，因此成为南北交通主要航道，南北漕运、商旅往来均取道于此。杭州府、苏州府与上海之间的物流交流均通过运河，以塘栖为中转站，这一切给塘栖带来了资本和聚居附加值。

由此可见，起到交通作用的河道，既是城市的基础设施，同时又是基本的社交路径，和城市结构合二为一，共同生长。它的意义并不只是一个媒介，还把塘栖的一举一动，与其他地方联系起来。它不再是一个封闭的自给自足的孤立点，而是被纳入了整个世纪变化的格局。大运河与古镇交相融汇，血肉相连，共同凝聚成为灿烂辉煌的塘栖运河文化。

图 1-1　古镇塘栖

2014年，中国大运河申遗成功后，无论是运河遗产的保护，还是沿线乡村的面貌改造，都迎来了新的阶段。运河综保中心相关负责人介绍，近年来，杭州市运河综保中心将工作重点放在水质提升和修缮运河两岸游步道两个方面，向世界展现运河沿线水清岸绿的生态美景。沿线古镇塘栖的发展也得益于此。塘栖古镇最令人神往的，除了天边的那一抹蓝、脚下的那一抹绿，还有目不暇接的传统美食。在塘栖，有着两百多年历史的浙江老字号"百年汇昌"门店里，传承百年的非遗手艺糕点传来阵阵糯米清香。塘栖也是民国时期长三角一带最有名的米市，谷仓在农业的起源、文明的诞生、城市的兴起过程中所扮演的重要角色，都一一呈现在塘栖运河谷仓博物馆里，成为塘栖发展史一个阶段的缩影。春看梅花、夏摘枇杷、秋品美食、冬有年俗，作为如今运河杭州段最负盛名的景点之一，塘栖传承千年历史，不断提升乡村面貌、产业格局，积极发展旅游业，打造出"乡村振兴"的新名片。

小桥、流水、人家。花果之地、鱼米之乡，塘栖美不胜收。坐拥其间，宛如美人在怀。广济桥畔，廊檐漫回，糯香四溢。"百年汇昌"更加有着说不完的故事……

（一）“运河”——旧时塘栖之风貌

在这个优雅别致的小镇，古迹瑰宝众多，坐落在京杭大运河畔的广济长桥是全国唯一横亘在古运河之上的七孔石拱桥，它横跨碧波之上，雄踞耸立，造型秀丽，气派非凡，势若长虹。乾隆御碑和郭璞井是塘栖人的精神家园，它们与古镇的风韵融为一体。每当走过喧闹的广济路，来到长桥，见到桥下微波细浪、源源不断的河水，心中的浪花此起彼伏。看到修复后的水南街和水北街隔河相望，分布在广济桥的南北两侧。当夜幕降临，沿廊街灯把河水照得通明，看到这绚丽繁华的夜景，看到重新开挖的市河，重建的花园桥、月波桥、吴家桥，使人感慨万分。岁月如梭，逝去的年华依然清晰地展现着小时候的古镇塘栖，犹如一幅优雅美丽的画卷展现在眼前。

“百年汇昌”于清嘉庆五年（1800）创立，成立时期是由它的必要性以及独特的社会背景所决定的，取名“彙昌”[1]，也必有创始人对它的希望和期待。

图 1-2　百年汇昌

[1] 汇昌的“汇”字，在古时写作“彙”，后简化为“汇”。

1.旧时塘栖之风貌

大运河畔塘栖古镇，传统文化与乡村文明相得益彰，历久弥新。“国初开浚运河，大筑塘岸，居民初集，负塘而栖，因名唐栖。”[1]这里春天有梅花节，夏天有枇杷节，秋天有开运节，冬季有年味节……这里的一砖一瓦，都有着跨越时光的美。

塘栖古镇位于杭嘉湖平原南端，地势平坦，平均海拔3.2米，属亚热带季风气候，温暖湿润，四季分明，为发展商品经济提供了充足的货源，其丝、米、油、酱四业，自昔著称，就地商市，以琵琶、梅子、甘蔗、荸荠及鲜鱼为大宗，还特制有蜜饯、藕粉、香烛、糕点等。塘栖枇杷和青梅皆为本地名产，邻近的超山亦有“十里梅花香雪海”之称。

古老的京杭大运河，由北向南逶迤而来，像一条绚丽多彩的缎带维系着南北大地。古镇塘栖，就坐落于这京杭大运河的南端。如果把浙江诸多名镇比作颗颗璀璨的明珠，塘栖便是镶嵌在古运河畔分外夺目而耀眼的一颗，其独特的水上街市风貌和浓郁的历史文化气息，无可替代。漫步塘栖，宛如翻开一册史卷，聆听一段往事，体验时光流转下运河文化的前世今生。塘栖古镇盛时的弄堂七十二条半，石桥三十六爿半，虽然现在已不复当初的盛况，但有着深厚文化积淀的塘栖古镇仍是一处了解江南水乡民俗文化风情的窗口。

塘栖成为江南名镇，和大运河密不可分。多种文献表明，塘栖的兴起与而后发展成江南巨镇，和张士诚于元至正十九年（1359）发动20万军民开挖伍林港至杭州江涨桥的新运河有莫大的关系。此河长22.5千米，宽约67米，历时10年而成。自新运河挖通后，大运河舍弃自海宁长安镇经临平的旧河道，新运河成为大运河南北通道，塘栖展现出“迨元以后，河开矣，桥筑矣，市聚矣”的热闹光景。明代漕运的开通，亦经塘栖，凡苏锡常至杭必经塘栖，自此“水陆辐辏，商家鳞集，临河两岸，市肆萃焉”。清代康熙、乾隆二帝南巡杭州，多次经塘栖至杭州，加之南北过客往来，亦于塘栖小憩，塘栖作用更加凸显。因此可以说是运河催生了塘栖镇，使其成为苏、沪、嘉、湖的水路要津，杭州市的水上门户。

塘栖，有着深厚的文化积淀，文物遗产众多，广济长桥、郭璞古井、乾隆御碑、栖溪讲舍碑、太史第弄、水南庙……默默向人们细述当年风采；塘栖，人杰地灵，物产丰盛，枇杷名扬天下，丝绸运抵海外，自古为贡品。塘栖是座古镇，同时也是一座新城，虽然历经岁月沧桑，失去了“三十六爿半桥”“七十二条半弄”的风貌，但是她的魂和根还在，并且充满了生机和活力。在经济大潮中，她依然走

[1]［明］胡心得：《栖溪风土记》。

图 1–3　广济桥

在余杭区的前列。先后获全国千强镇、浙江省文明镇、浙江省综合实力百强乡镇、浙江省十大历史文化名镇、浙江省卫生镇、杭州市经济发展十佳乡镇、杭州市现代化标志性教育强镇、国家枇杷原产地域保护之乡等荣誉称号，2010年底成为浙江27个小城市培育试点镇之一。

旧时的塘栖，曾经隔河而治，小小的一个镇，分成过三个镇。运河的北面是水北镇，过去一向隶属于德清县管辖。运河的南面清朝时隶属仁和县管辖，民国时隶属杭县管辖，并以南北向的市河为界，又划分为市东镇和市西镇。三镇以河为界，隔河而治，又以桥相通，相连成市。从而形成了一个江南所独有的“运河三镇”的景观，与其他的一些江南古镇截然不同。

其实古镇的历史气息从横亘在古运河之上的七孔广济桥就能看出来，如今桥全长78.7米，面宽5.2米，矢高7.75米，中孔净跨15.6米。七孔，拱券纵联并列分节砌筑，桥两坡各设石阶80级。石栏板素面，栏板两端为卷云纹抱鼓石，共有望柱64根，四角望柱上刻覆莲。广济长桥势如长虹，造型秀丽，历经500余年仍雄踞京杭大运河之上，成为历史沧桑的真实见证者，广济桥如长虹卧波于运河之上，是古运河上仅存的一座七孔石拱桥，也是大运河上保存至今规模最大的薄墩联拱石桥。从桥下拾级而上，感觉像是在爬山。走到桥顶，可以看到古镇的全貌，广济桥现在已经成了塘栖镇的形象标志。

在桥边，则能看到两桥半圆形的桥孔倒映水面，虚虚实实，似圆非圆，独具一格。桥两侧修建了许多供人休息聊天的廊亭，古镇之内现在还居住着许多原住居民，天气好的时候，居民会聚集在此下棋闲聊或是静坐养身，是一个真正还在生活着的古镇，充满了生机与活力，丝毫不会被纷至沓来的游客所打扰，认真仔细地做着自己的事情，从容不迫地传承着祖祖辈辈舒适祥和的古镇生活。

塘栖名胜古迹遍布，号称“栖溪二十四景”。迄今尚存郭璞古井、乾隆御碑、水南娘娘庙等，这些独特的古迹遗址赋予了塘栖这座江南古镇无限的魅力。塘栖古镇景区于2014年5月被批准为国家4A级旅游景区，目前已成为长江三角洲古镇旅游热点之一。塘栖老街风情特色街区主要包括三个部分：北面是水北风情街，南面是水南时尚街，东面是市河步行街。三个部分三种风情：水北街主打运河传统民俗，藏着好多老字号门店，百年汇昌，老刀、法根糕点，朱一堂，同福永，等等，都是历史老店；水南街走的是运河美食休闲风，不仅开出了江南阿二、王元兴酒楼等本土酒店，还有KTV、肯德基、咖啡吧、酒吧等“洋店”；市河街以塘栖历史文化为主，可以看老弄堂、宅邸和名人会馆等。另外，市河街还是精品民宿聚集地，一天玩下来，在这里挑一家民宿住下，睡个好觉，结束丰富而又充实的一天。

“水北街和水南街，一条牵着历史，一条系着现代。”余杭运河综保公司相关工作人员说，老街未来要打造成国际性特色老街。我们可以让塘栖镇上那些记录者记录下斑驳时光岁月的古迹。

“左岸历史，右岸未来”的格局在广济桥畔和谐共生。广济桥沿岸风景绵延了数百年，漫步在水北街，仿佛还能看到数次修缮广济桥时民众繁忙的身影；夜晚观赏运河，仿佛还能看到当年亮着灯火的游船画舸与往来如织的商船。广济桥见证了塘栖经济、社会的复兴与繁荣，见证了塘栖城市的发展与百姓生活的变迁。

“百年汇昌是具有两百多年历史的老字号，选择在塘栖水北街扎根是相得益彰的事，我要把老底子最精髓、最原汁原味的东西一直在运河边守下去。”百年汇昌如今的当家掌门人虞铭说。在他看来，因为有了广济桥，才有了塘栖昔日的繁华，也因为有了广济桥，才有了塘栖现在的再次腾飞。虞掌门说：“很久以前，有人问我为什么广济桥造在这个位置，而不造在西市角或其他地方？我带着这个问题，留心了二十年，后来才搞明白——超山是塘栖的主山，在市镇之南，超峰有上圣殿——供奉玄武真君，守卫塘栖镇，所以广济桥、广济大街正对超山主峰。虽然超山在塘栖镇的南方，但广济桥、广济大街是南偏西35°正对超峰的，形成一条中轴线——超山真武殿、广济路、总管堂(运河漕运的保护神)、长桥、戴侯祠、水北神社（水北的土地保护神）都在一条线上。当然，百年汇昌现在也在中轴线上。”

塘栖广济桥运河遗产展示厅。这是一个为京杭大运河申遗而设立的介绍古运河塘栖段，以及千里京杭大运河上唯一存世的明代古桥广济长桥详细情况的展示厅。它位于水南街，馆内集中展示了京杭大运河的概况、江南运河杭州段基本情况，讲述塘栖因运河而生、因运河而繁荣的历史变迁。同时，展馆从广济桥基本情况、广济桥历史沿革及修缮、文化价值、科学构造、技术原理等方面详细介绍了这座古桥，200多平方米的展馆不算大，却内有乾坤，浓缩了运河、塘栖、广济桥的历史文化精华。

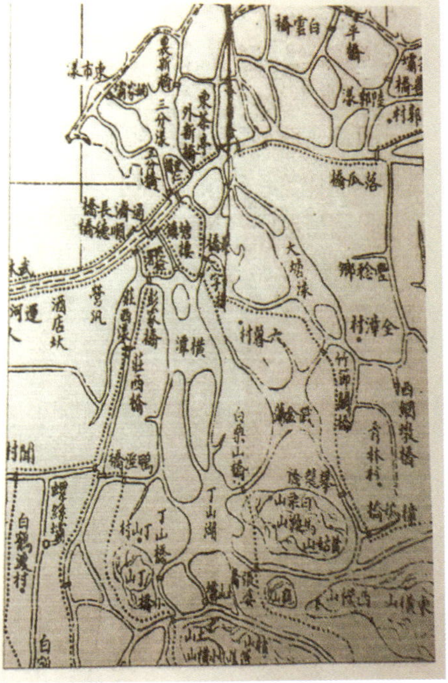

图 1–4　古代运河地图

余杭方志馆。“在浙江余杭的京杭大运河畔，两座明清风格的老宅十分醒目，这便是余杭方志馆。它以余杭历代丰富的地方志为史料基础，通过文字、画面、多媒体影像以及实物展出等形式，表现了余杭秀

图 1–6　运河遗产展示厅

图 1–5　运河遗产展示厅内景

丽的山水风光和深厚的历史文化积淀，成为当地的一道亮丽风景。”这是《光明日报》8月29日头版文章《修志问道 以启将来》中“一项与时俱进的基础文化事业”一节开篇对余杭方志馆的描述。短短的105个字，传递出中国地方志指导小组对余杭区方志馆、余杭区地方志工作的肯定。余杭方志馆坐落于京杭大运河畔，塘栖镇水北街的西端，由两幢明清风格的二层旧宅构成，白墙青瓦，古色古香，环境清幽。方志馆建筑面积1286.64平方米，分为地情研究中心和地情展示中心两部分，各一栋古宅。总投资1200多万元。地情研究中心，建筑面积533平方米，是一个以收藏、保护、研究、交流、开发、利用史志为主体的综合性场所。中心藏有中国32省（市）的地方志共800多册，《丛书集成初编》800册，《申报》全套影印版共430册（含《索引》30册），以及其他余杭地方古籍图书。地情研究中心建筑内部一楼设有阅览室、藏书库、工作人员办公区，二楼有配备现代化多媒体设备的报告厅，为会议场所。地情展示中心位于地情研究中心的西侧，建筑面积753.4平方米，是一处面向公众开放，供广大游客和市民参观的宣传教育场所。中心分为“方志·源流”“方志·舆地”“方志·人文”“方志·山水”“方志·物产”“现代志书”6个展厅，以余杭历代丰富的地方志为史料基础，通过文字、画面、多媒体影像以及实物等形式，从不同的角度和侧面向参观者介绍余杭的人文自然风貌。

余杭方志馆择地水乡古镇显眼位置，并在外观上有其鲜明地方特色，不仅有丰富的馆藏可供读者学习研究，且将方志内容用沙盘、雕塑、展板、影视动漫等多种生动形象的形式对外展示，显现余杭地情文化独特的魅力和功能，成为新形势下广大人民群众共享地方文化成果的公益性公共设施。余杭方志馆为更多面向观众，不断创新，提升方志馆的整体服务能力和运行能力，逐渐形成自己的品牌。余杭方志馆是信息时代与时俱进的文化产物，是余杭区地方志事业发展史上的一个里程碑，是余杭区委区政府重视文化建设的重要体现。今天的余杭方志馆，已然成为余杭区对外宣传的一张文化金名片。

郭璞古井。郭璞古井位于广济桥南岸，距广济桥不远。据光绪《唐栖志》记载：康熙己巳年，玄烨帝南巡，驻跸镇西，汲此井以供茶水。乾隆年间，里人卓晃书“郭璞井”额于上。道光年间重修，里人徐晟镌“汲古”两字于砖嵌诸壁。后因年久失修，匾石俱废，后人均以为是普通水井。民国时，里人劳少麟发起建设新市场，施工中掘得建井石碑两块，方知是古井旧址，乃置木栅门予以保护。时间一长，此井又废。1983年，镇城建办公室曾对此井进行勘测，探得井内均系以长形条石作井字状层层铺叠而成，此井离运河11米，井内水位竟比运河水位高出2米，但终因荒废日久，水质污染而难以饮用。如今，塘栖镇已将此井疏通排污，加以恢复，成为古镇一景。

相传有一年，东晋文学家郭璞路过塘栖，那一年恰逢天下大旱，塘栖一带的河流差不多都断流了，就是那条塘河中总算还有点水，但那河水几近干涸已经浑浊不清，根本无法饮用。当地的老百姓为了解决饮水问题，四处寻找水源打井，可打来打去打不到丰富的水源。百姓们急得在长桥边烧起天香，求菩萨保佑。郭璞看到这场景，不由为之动容。当即决定为当地百姓打一口好井，度过旱荒。郭璞除了能写一手好诗词外，还是个精通阴阳八卦的高手。他能看风水识水源，于是，他亲自出马，经过一番踏勘，选定运河南岸东庑三郎祠庙前的一块空地作为井址，并且自己出资请来民工打了口水井。郭璞果然厉害，他选的地方打造的这口水井不久便出水了，而且竟然打到了地下水脉，并且井水味醇略带甘味。尝了这口井的水后，当地的百姓感恩不绝。依靠这口井，塘栖的百姓度过了大旱之年。为了不忘郭璞的大恩大德，百姓们便将此井称作“郭璞井”。

图 1-7　郭璞井石碑

图 1-8　郭璞井

水北风情特色街。水北街可以说是塘栖镇最为热闹的地方之一。沿着窄窄的街道缓步前行，脚底的石板路，平整又略有坑洼，踩上去很舒适。街边上低矮的店铺，在沿街处摆满了各种美食和纪念品，不时有叫卖声传来，琳琅满目。杏黄色酒旗随风飘动，酒旗下则趴着慵懒的、满是睡意的小黄狗，如回到了繁华熙攘的唐宋时代。2016年底，经杭州市政府批复同意命名，余杭塘栖老街风情特色街区正式跻身“杭州市级商业特色街”，这也是杭州经正式命名的第18条市级商业特色街。

图 1–9　乾隆御碑保护遗址

乾隆御碑。大运河是清朝康雍乾三代皇帝最重视的国家运输命脉。依大运河终点而栖，塘栖发现的乾隆御碑见证了江南的富庶。乾隆皇帝六下江南，三次驻跸塘栖。它位于水北街杭州原水利通判厅（添设府）内。清代，府址渐毁。民国时，崇裕丝厂首任厂长卢锦江建卢宅，将御碑砌入墙内，御碑才得以保存下来。乾隆御碑高5.45米，宽1.5米，额上刻有双龙戏珠的浮雕，造型大气，体现了皇家风范。其内容大致为，乾隆十六年（1751），乾隆帝南巡，查得江苏、浙江、安徽 3 省交赋税情况，苏皖两省皆积欠了大量赋税，独浙江省未拖欠。乾隆帝满意之余，为表彰浙江省，特免去地丁钱粮30万两，并将圣谕刻于石碑，晓谕官民。从这个御碑上可以看出，江南自古以来不同一般的富庶安逸。

塘栖镇《乾隆御碑碑文》[1]

钦奉上谕：朕巡幸江浙，问俗省方，广沛恩膏，聿昭庆典。更念东南贡赋，甲于他省，其历年积欠钱粮，虽屡准地方大吏所请，分别缓带，以纾民力，而每年新旧并征，小民终未免拮据。朕宵旰勤劳，如伤在抱。兹当翠华亲莅，倍深轸切，用普均沾之泽，以慰望幸之忱。著将乾隆元年至乾隆十三年，江苏积欠地丁二百二十八万余两，安徽积欠地丁三十万五千余瀚，悉行豁免，俾吏无挂误，民鲜追呼，共享升平之福。夫任土作贡，岁有常经，自应年清年款。江苏积欠乃至二百二十余万之多，催科不力，有司实不能辞其咎；而疲玩成习，岂民间风俗之浇漓，尚有未尽革欤？朕以初次南巡，故特加恩格外，嗣后该地方官务宜谆切劝谕，加意整顿。其在小民，亦当溺除旧习，勉效输将，勿谓旷典，可希冀屡邀而维正之，供任其逋负也！其浙江一省，虽额赋略小于江苏，而积年以来，并无积欠，岂犬牙交错之地，不齐乃至与欤！此具见浙省官民敬事

[1] 本文依据清代乾隆皇帝御笔碑文文字实录。

急公之义，而江苏官民所宜怀惭而效法者也！朕甚嘉焉，着将本年应征地丁钱粮，蠲免三十万两，以示鼓励。

运河谷仓博物馆。展陈面积6500平方米，是一座下沉式建筑，也是国内唯一一座以谷仓为主题的全代史博物馆。漫步展馆，透过一件件藏品，可以看到人类文明的发展。生活在农耕文明中的我们，平时不会特地去留意小小的谷仓，更想不到它的背后竟蕴含着如此多的文明基因，不禁感到震撼与着迷。澎湃新闻记者陈建慧在《聚焦杭州：从梦开始的地方出发》写道：2014年，大运河申遗成功后，无论是运河遗产的保护，还是沿线乡村的面貌改造，都迎来了新的阶段，塘栖古镇的发展也得益于此。在塘栖，有着两百多年历史的浙江老字号“百年汇昌”门店里，传承百年的非遗手艺糕点传来阵阵糯米清香。塘栖也是民国时期长三角一带最有名的米市，谷仓在农业的起源、文明的诞生、城市的兴起过程中所扮演的重要角色，都一一呈现在运河谷仓博物馆里，成为塘栖发展史一个阶段的缩影。

水北粮站。它位于塘栖水北风情街内，前身是一家叫“广太丰”的私人米厂，开办时间可以追溯到民国年间，至今还保留着米铺的原型，门口挂着“塘栖水北粮站”字样的招牌。新中国成立后国家实行“公私合营”，“广泰丰”米厂被国家买下来并接手经营。在保留水北粮站原有建筑和特色物件的基础上，经过简单的整理装修之后，水北粮站现已成为水北街极具古镇文化、文艺气息浓厚的特色小店。

图 1-10　塘栖水北粮站

廊檐街。塘栖的街市最为出名的特点，便是遍连全镇的廊檐街。旧时塘栖廊檐是街市一道亮丽的风景线，洋溢着浓郁的水乡风情，称奇江南。清代诗人王拭曾有一首描写塘栖廊檐的诗，诗云：“摩肩杂沓互追踪，曲直长廊路路通。绝好出门无碍雨，不须笠屐学坡翁。”这首诗形象地向人们展现了塘栖的廊檐，曲曲直直的长廊将全镇连成一片，下雨天出门都用不着戴笠穿屐了。

图 1-11　西石塘街“廊檐”

美人靠。塘栖的廊檐街，在靠河的一边建有“美人靠”，与廊檐街相配套，颇具特色。这些“美人靠”，其实是一长溜独特的木制长椅。这长椅塘栖人最早是唤作“米床”的，因为它最初并不是给行人停留歇脚的，而是为塘栖米市服务的。塘栖曾经是方圆百里盛极一时的著名米市，街上处处都是米行，米行进出货都离不开各种船只，这沿河的长椅便成了收米和卖米的经营场地，商家在上面堆放一些箩斗米袋之物，故将它称之为“米床”。

茶楼。塘栖旧时茶楼甚多，茶楼分早市、晏市和晚市。一般早市均是上街赶集的农民，一边喝茶一边当街叫卖自己带来的农产品，一举两得。晏市顾客大都为文人墨客和商人老板。到了晚市，则是干力气活的人和小市民唱起了主角。

旧时塘栖的茶楼，还有一大特色，那就是评弹演唱。一般早市是不唱的，晏市和晚市都唱。塘栖茶楼里唱的是苏州书，杭帮书没有市场。据说，当年的《珍珠塔》中，说到翠萍丫头上楼梯时，走18档楼梯竟要说上18天，1档楼梯说一天，令人称奇。

宅居。过去江南集市有“无徽不成市”之称。塘栖也不例外。徽州商人曾在塘

图 1-12 塘栖“美人靠”

栖盛极一时，塘栖镇上不少建筑也带上了徽派建筑的影子。现今，塘栖的深宅大院保留下的不多，幸存的太史第弄卓家老宅算是其中的代表了。太史第弄的卓家老宅是幢明代建筑，共有五进，三间开宽，四周均有封火墙，大门为石库门，设有门檐，上有砖雕。内院每一进均有偏门与“太史第弄”的避弄相通，供人们日常出入，每一进的间隔为15米。现前两进基本保存完好，稍加整修，还是能展现其昔日风采。

弄堂。弄堂是江南集镇的一种建筑特色，旧时江南集镇多弄堂，古镇塘栖为最，号称有“七十二条半弄”之多。塘栖弄堂大都铺着不易发滑的青石和麻石，两边高高耸立的封火墙上爬满藤蔓，踩上一块松动的石板，会发出“咣当”的声响和回音。旧时塘栖的弄堂大都依附在塘栖独特的过街檐楼之中，“出门见弄，过街穿弄，弄弄相通”，弄堂“园煞”在住宅中，形成塘栖弄堂的一个鲜明特色。现今保留下的塘栖弄堂已随着市镇建设的发展逐步消除了其“园煞”的特点，悠悠古弄已成了人们怀旧的对象。

2.沿袭运河之风采

因水兴运、缘河聚商、倚商成市是运河城市商业发展的共同之处，杭州也不例外。一是运河的发展影响了城市商业空间的改变。坊市制度曾是古代城市的重要商业街区结构，而随着运河与城内水系的沟通，城内水系沿岸逐渐出现商业街，封闭隔离的"市"被代之以开敞的集市空间，并向城外发展形成专业市场和市镇。北宋时期的杭州在运河的推动下，城市的繁华地带逐渐从城南江干一带扩展至沿城内的主要水系两岸发展，使北宋时期人烟稀少的盐桥河以东广大地区，到南宋已成为"万商之渊，坐肆售货"的繁华工商业区和居民区。同时杭州城内的发展也波及城外，城外形成了商品种类繁多，市场兴旺、颇具规模的夜市、草市以及塘栖等市镇。二是运河的发展促成了运河城市独有的商业文化氛围。运河城市以其便利的地理位置不仅成为南北货物的集散地，而且还吸引了四方商贾的云集。城市商业人口日渐增多，商业气息突出。唐朝中叶，杭州的店铺就已有3万余家，明清苏州阊门、胥门、山塘街一带商贾云集，甚至太湖村民也出现了"莫嫌村坞行人少，夫婿经商不在家"的弃农从商景象。由此可见，运河与城市商业发展有着密不可分的关系。正因为运河与城市商业发展息息相关，杭州在对运河文化的开发

图1–13 塘栖风景

与利用中将其作为商业文化符号和地理存在，通过注入运河人的历史记忆与共同情感，进而开发该区域的商业价值。

运河在中国交通史研究上有着重要地位，曾有学者认为："它在促进中国内部交通的同时，联络了横贯亚洲的南北海陆两大干线的东端，中国由此不再是东西交通终点的死胡同，而成为世界循环交通路的一环。在这个意义上，运河的开凿是有世界史意义的大事业。"[1]而运河的开凿，除了上述的交通意义外，事实上，还孕育了不少城镇的产生与发展，塘栖镇就是其中之一：明清之前它只是一个不知名的小村落，因为运河的开通以及由此带来的商业机会，使它迅速发展成了著名大镇。

塘栖镇沿着运河两岸发展，逐渐形成两岸分治的状况：明清间，运河以北属湖州府德清县，水南属仁和县；辛亥光复后，改仁和、钱塘县为杭县，水北依旧；民国十七年（1928），塘栖镇以市河为界，分市东、市西镇，市河两岸称市东街、市西街，两岸商铺林立，船只密集，非常热闹。运河开通产生的最直接作用在于运输变得便捷。在交通工具不够发达的过去，河流的作用比陆地上的道路显得更为重要，以其便宜和方便为长处。而在水路中，运河无疑条件较好，因此成为主要航道，漕运、商旅往来均取此道。杭州府、苏州府与上海之间的物资交流均通过运河，以塘栖为中转，清同治年间，官营内河招商局首先在京杭大运河行驶轮船，经往苏州、杭州的轮船均在塘栖设埠。这一切给塘栖带来了资本和聚居附加值。塘栖的古建筑颇具特色，深宅大院皆高筑封火墙，隐于弄内，引申出一条又一条的陪弄，据说旧时全镇共有弄堂七十二条半。塘栖又是标准的水乡，处处是河，镇上的街面全都沿河而建，落成在屋檐里面，俗称"过街楼"。

由此可以发现，运河是起到交通作用的河道，既是城市存在的基础设施，同时又是基本的社交路径，和城市结构合二为一，共同生长，它的意义并不是将一个无名的小聚居点和外部世界机械地捆在一起，而更是一个"媒介"，把塘栖的一举一动与其他地方联系了起来，它不再是一个封闭的自给自足的孤立点，而是被纳入了整个世界变化发展的格局，而这正是进入现代世界所必需的。陆续地，具有"资本主义"性质的各工厂开始出现，继而出现具有城市公共性质的文化教育、邮局、教堂、电气厂、电话公司、医院、警察所、银行等设施，这是有别于农村的典型城市设施，具有明显的现代生活因素，成为塘栖镇发展的证明。

[1] 宫崎市定《东洋的近世》，"宋代文艺复兴论"开山之作：中国的"文艺复兴"比欧洲早了300年，并且深刻影响了世界。

(二)“百年”——塘栖美食之盘点

1.塘栖枇杷

在几百年的发展历史中,塘栖也诞生了许多特色美食。塘栖百姓历来对吃菜颇为讲究,口味甚刁,注重刀工和火候,讲究精工细作,重油重酱,讲究入味,其色、香、味、形的要求和杭帮菜近似。“塘栖枇杷”是瓜果之乡特色产品,是浙江省杭州市余杭区特产,中国国家地理标志产品。

2014年,塘栖枇杷产量增产了两到三成,有5000多吨。塘栖枇杷果形圆润美观,个头略小,色泽金黄诱人,果实肉厚,汁多味甜,甜酸适口,风味较佳,营养丰富,其古称无忧扇,又名金丸,别名卢橘。因叶子状如民族乐器中的琵琶,故而得名,深受各个年龄段的人们喜爱。塘栖每年五六月会举办“美食枇杷节”,成为古镇的一大特色。2004年5月18日,原国家质检总局批准对“塘栖枇杷”实施原产地域产品保护,2011年5月,塘栖镇荣获“中国枇杷之乡”称号。

塘栖枇杷历史悠久。相传,早在隋代就开始种植枇杷,距今已有1400多年的历史。塘栖枇杷始种于隋,繁盛于唐,极盛于明末清初,自唐代起被列为贡品,并且有一定的栽培、贮运技术,视枇杷为“珍果之物”。塘栖枇杷在塘栖镇形成了独特的枇杷经济、枇杷文化和枇杷生态。宋代,苏东坡在杭州任通判,有“客来茶罢空无有,卢橘杨梅尚带酸”,张嘉甫问曰:“卢橘是何物也?”答曰:“枇杷是矣。”《杭县志稿》中更有详尽记述:“塘栖为杭州之首镇,土地肥沃,物产丰富,凡镇周围三十里内皆为枇杷产地。有塘栖专产而他处不及者记之,以见生植之美。”塘栖田少,遍地桑果,春夏之间,一片绿云,几无隙地。剪声梯形,无村不然。出丝盖多,甲于一邑。为生植大宗果品以枇杷为著也。清康熙十一年(1672),孙治所纂《灵隐寺志》内有“枇杷出塘栖”的记载。清光绪《唐栖志》中记载:“四五月时,金弹累累,各村皆是,筠筐千百,远返苏沪,岭南荔枝无以过之。”

塘栖枇杷是国内外享有历史盛誉的地方特色产品,以色艳形美、肉质细嫩、汁多味鲜、风味卓绝而闻名天下。塘栖枇杷初冬开花,花极清香,每一花束由60—90朵小花组成,5月果熟。其果肉按颜色分为白色和红色两类约计19个品种,主栽品种5个:“软条白沙”“大红袍”“夹脚”“杨墩”“宝珠”,尤以“软条白沙”为最,属国宝级优质品种,堪称枇杷中珍品。枇杷可入药,具有清热润肺、止

图 1-14　塘栖枇杷丰收

图 1-15　“金弹累累”

咳化痰、健胃利尿等功效。

那么，究竟是什么样的地理环境，孕育出如此高品质的果实？那是因为杭州市余杭区是典型的平原水网地区，河湖池塘星罗棋布，土壤深厚肥沃，气候条件适宜，特别适合于枇杷的生长发育，孕育出了品质超群、风味特佳、古今闻名的塘栖枇杷。塘栖枇杷的地域分布范围主要集中在塘栖镇和仁和镇、崇贤镇，主要产区在塘栖的塘南、东塘、沾驾桥等乡。余杭区的塘栖、江苏吴县的洞庭山和福建莆田的宝坑，为中国三大枇杷产地，其中又以塘栖枇杷产量最多，品种也最好。

“塘栖枇杷”是一种地理标志产物。其地域保护范围：塘栖枇杷原产地范围以浙江省杭州市余杭区人民政府《关于要求对塘栖枇杷原产地域产品保护的申请》（余政发〔2003〕26号）提出的地域范围为准，为浙江省杭州市余杭区现辖行政区域。

塘栖枇杷的生产加工应具备以下主要质量技术要求条件：采用白砂（软条白砂）、红砂（平头大红袍、夹脚、大叶杨墩、宝珠）两类等5个品种为规定栽植品种；软条白砂种枇杷的可溶性固性物含量达到15%。平头大红袍种枇杷的胡萝卜素含量大于等于3000微克/100克。夹脚种枇杷的氨基酸含量大于2.6%。大叶杨墩种枇杷汁多，风味甘酸适口。宝珠种枇杷味甘酸少，耐贮存。植苗及成年树均多施用有机肥；通过在规定时期内疏花，以“大果一二、小果三四”的疏果方法以及套袋技术的运用，达到品佳质优的效果。

其专用标志使用：在塘栖枇杷原产地域范围内的生产者需要使用“原产地域产品专用标志”的，应向设在当地质量技术监督局的原产地域产品申报机构提出申请，经审查合格批准后，方可使用“原产地域产品专用标志”。

此外，江南一带自古栽种枇杷，每年开花期间枇杷花大面积开放，数百年来就有采摘枇杷花和叶进行深加工的做法。枇杷花以浙江著名的商贸老字号“百年汇昌”为最有名，该商号始创于清嘉庆五年(1800)，清道光年间(1821—1850)，所产蜜饯等被道光皇帝选为贡品；到光绪年间(1875—1908)，已经成为清朝内务府的“指定供货商”；1930年，“汇昌”开始使用玻璃柜台、日光灯照明，使用玻璃瓶包装蜜饯。民国时期，著名金石大师吴昌硕、现代著名画家丰子恺先生，来到“汇昌”探访好友——汇昌掌门陈继明先生，品尝食品；民国三十四年(1945)，汇昌发展成为一家拥有4个生产作坊、18000银元资金、近百名职工、94间栈房的大商号。2009年，百年汇昌被杭州市政府办公厅认定为首批“杭州老字号”，收入《非物质文化遗产项目名录》。

2.塘栖糕点

说到塘栖的特色小吃，当地民谚这样称道：“法根糕饼汇昌粽，粢毛肉圆香又糯。细沙羊尾香烘烘，塘栖板鸭鼎正宗。”对于塘栖法根糕点曾有个说法——“不买法根糕点就不算到过塘栖”，法根糕中的“饿煞饼”“香蕉酥”“小桃酥”“橘红糕”“重麻酥”“太子饼”“枇杷梗”……足足有几十种，从口味到包装，都仿佛停留在80年代，那是满满儿时的味道与记忆。

在广济桥的北端，有一座两层的传统建筑，像是桥头堡一样矗立，这里就是法根糕点的总店。法根食品是杭州千年糕点古镇——塘栖的金名片，被广大消费者评为“十佳”中华传统糕点小吃，并被浙江省商务厅认定为“浙江老字号”企业。店里经常门庭若市，来买糕点的人络绎不绝。特别是一些上了年纪的老杭州人，甚至不惜花2个小时坐车，为的就是买几袋法根糕点。我们在采访中，看到店里一位60多岁的大妈告诉记者，她专程来买糕点给老伴和孙子吃，老伴有糖尿病，需要吃低糖食品，3岁的孙子需要吃无防腐剂、添加剂的安全食品，法根食品满足了家人健康、安全、好吃的需求。

法根糕点的店名来自于创始人李法根的名字。李法根出身于一个糕点世家，在三兄弟中排行老三，父亲名叫李福贵，早年在崇贤供销社工作。1979年，15岁的李法根刚初中毕业，就开始跟着父亲学习制作糕点。“父亲很严厉，要求每天2点起床切云片糕，打鸡蛋一刻不停打40分钟。”这样的严厉和勤奋造就了李法根的过硬技艺，在2006年的枇杷节上，李法根表演蒙眼切云片糕，名声大噪。父亲“做事先做人”的家训也对李法根影响深远。2002年李法根独立门户开办“法根糕点”，并在当时余杭工商局品牌办协助下，注册了商标。法根糕点尊重传统，尊重老口味，专注于传统食品和传统工艺。

图 1-16　塘栖小吃

图 1-17　法根糕点

“现在法根食品大约六七十种糕点，都是手工制作，按照二十四节气生产，比如清明做团子、绿豆糕，端午做粽子，立夏做立夏饼，中秋做月饼。”“什么季节吃什么食物，绝对充满了古人的智慧和生活结晶。”

李法根做法根糕点，注重专、精两个字，专注于做传统食品。法根食品一直奉行同心同德，以诚为本的态度，根据顾客的需要，做最好产品。其生产过程却苛求管理科学。“现在，老百姓对食品安全要求越来越高，我们食品企业也要安全发展第一位，质量第一位。”据李法根介绍，法根食品倡导低糖、无糖，倡导绿色食品，做人要凭良心，产品要凭标准，对原材料把好关，出厂要检验，而且对员工自身卫生也有严格的要求。目前，法根糕点的所有添加剂只有小苏打一种，其他防腐剂等添加剂全程都不采用，这导致法根糕点的保质期很短，如现烤的糕点保质期仅3天，第3天全部回收销毁。“很难进大型商超，只在法根的自营门店销售。”法根的食品追溯环节也堪称先进，“糕点具体哪个环节是谁做的，哪只是哪位工人做的，都一清二楚，万一出现问题，绝对不会发生扯皮和纠葛”。李法根还根据生产工艺自创了“法根食品安全法”，里面都是适合本企业内部的管理办法，包括从员工进厂到出厂的所有可能涉及的细节，大到工作服、口罩穿戴、器皿消毒，小到上班抽烟、吃零食、吵架等细节都进行了规定。

法根食品还花大力气做企业文化，打造品牌，在新厂还有一个占地100平方米的法根体验馆。体验馆的理念是：师法自然，根本纯粹，希望顾客可以领略到法根糕点丰富的企业文化，让更多人爱上江南饼。“传统糕点人情味很浓，传统工艺是非物质文化传承与创新。”让李法根引以为傲的是女儿李婷加盟后带来的新变化。英语专业八级的李婷没有选择翻译、外贸等对口工作，反而认定了传统产业的发展前景，对传统食品技法传承更充满责任心和使命感。加盟父亲的团队后，她首先成立了法根体验馆。一是用于传统食品文化来源的对外展示，小学生们可以在家长和老师带领下前去体验馆DIY传统美食。中秋节为何吃月饼？月饼为何是圆的？二十四节气吃什么？李法根父女都会十分认真地准备素材，并亲自进行讲解、示范，并一一指导制作点心，让孩子们感受传统文化的魅力。二是用于企业内部员工的技能大比武，每过一段时间，法根食品内部就开展一次这样的比武，目的就是在比赛中决出谁好谁快谁精确，比如称面粉比赛，50克标准，又要快又要准。这对员工成为专业级人才大有好处。耳濡目染父母艰辛和梦想的李婷还成立了法根电商团队，在大学时期就开始法根食品网络营销探索。“第一年利润仅几百元，去年中秋达到了十几万元。”“我的父亲做了四五十年的糕点，如今我也做到第三十六年，女儿看我们做糕点看了二十几年。从四五个人的家庭作坊，到现在上百人的食品厂；从我一个人单兵作战，到现在女儿加盟；从传统门店经营，到现在互联网+……致力于传统、安全和实惠，‘师法自然、根本纯粹’的‘老百姓的点心’这块金字招牌必将百年传承！”李法根说。

图 1-18 汇昌粽

传承至今的“汇昌”自不必说，其中著名的汇昌粽如今街头尚可见。汇昌粽，一种由粽叶包裹糯米蒸制而成的传统食品，出自塘栖的“百年汇昌”号，故名。汇昌粽区别于嘉兴粽与湖州粽，在外形、扎法上自成风格。其主要特点是五花肉、绍兴酒、土糯米、青竹叶、土灶头、铁锅子、老汤煮。除了包扎方式以外，汇昌粽蒸煮上也有独特手法，要求时间特别长，强调“千滚不如一闷”。陈国明《食汇昌粽》诗：斯文满口老冬烘，一世青衫不道穷。解得人间真味道，米家书画汇昌粽。作为“塘栖五大名小吃”之一，按虞铭的说法就是，汇昌粽给塘栖长脸了。在外形上，汇昌粽不同于嘉兴粽和湖州粽，分为斧头粽、枕头粽、尖角粽和猪脚粽等多种；在制作工艺上，汇昌粽以五花肉、绍兴酒、土糯米、青竹叶为原材料；在蒸煮过程中，100只粽子放入加有老汤的铁锅中耐心煮，食来口感鲜美，令人回味无穷。“每个粽子里的肉都是一两重，采用新鲜猪肉，每天凌晨2点的时候还是头活猪呢。”而且，“百年汇昌”绝对不用高压锅，因为只有花时间煮出来的粽子才足够好吃。

“糖色”是塘栖蜜饯的传统叫法，据清初地方志记载：明代塘栖人吕需将外地加工蜜饯的手艺带回家乡，逐渐形成余杭特色的手工蜜饯——糖色。明代中期以后，塘栖蜜饯已是“风靡两京”的时令小食，借助京杭大运河外运，远销苏州、上海、南京等地，直至京城。塘栖蜜饯素负盛名，“其品厥夥，不能枚述”，在著名的《随园食单》《陶庵梦忆》及《杭州府志》中都有记载。近代流传下来的有糖水青梅、糖水枇杷、话梅、金橘、杏脯等几十味，而“糖水青梅”被誉为蜜饯之王。“百年汇昌”就是数百年来塘栖众多制作糖色的商号中的杰出代表，道光年间“百年汇昌”所产蜜饯已被选为贡品，光绪年间“百年汇昌”已成为清皇宫内务府的指定供应商。近年来，为了让珍贵的传统技艺得到有效传承，浙江老字号“百年汇昌”在余杭各级政府部门的大力支持下，通过走访老艺人、收集传统配方，恢复糖色制作，保留、传承了这种具有浓厚地方特色的民间手工技艺，并申报《杭州市非物质文化遗产名录》。

图1-19　粢毛肉圆

另外还有相传乾隆所命名的粢毛肉圆，这也是塘栖一道名点，以鲜肉、糯米为主料，蒸熟后，米粒裹着肥瘦适度、鲜嫩匀细的肉圆，触动着食客的食欲。传说当年乾隆下江南，厨师本想做狮子头御膳，不料失手把肉圆滚入糯米中，重做已没有时间，厨师只好硬着头皮把沾满糯米的肉圆蒸熟奉上，竟然大受好评。

细沙羊尾也是塘栖一带传统的特色名菜，余杭镇一带称之为“细沙高丽肉”。其色泽金黄，体形丰腴，脆中带软，郁香鲜甜，为酒席常备之佳肴，颇受人们喜爱，“羊尾”用豆沙、猪板油、鸡蛋清、糯米粉等制成，因外形酷似湖羊尾巴，故名“细沙羊尾”。塘栖民间、菜馆置办筵席，少不了要备这一佳肴，尤以春、秋、冬三季食用为多，“羊尾”用“细沙”作馅，经炸制而成。

民谚中最后一样美食塘栖板鸭，又名熏鸭，是浙江省塘栖古镇特色传统名产。用河鸭经过熏烤，烧煮而成，色泽红亮，清香可口，是余杭独具风味的地方特产。既是佐餐佳肴，又是馈赠亲友的珍品，销量以春节最盛，销于海宁、桐乡及本县各地。这种板鸭，味道既不同于南京板鸭，也不同于北京烤鸭。每当秋末冬初，气爽鸭肥，正是制作塘栖熏鸭的旺季。此品选料讲究，制作精细，工艺严格。制作时，经宰杀、开膛、浸泡、擦盐、整形、上撑、熏烤、清煮、散热、拆撑、擦油等十多道工序，整个加工过程除用适量食盐外，不添加任何作料，突出了成品的清香鲜美特点。

图 1-20 细沙羊尾

图 1-21 塘栖板鸭

除了上述民谚中的美食外，在塘栖有句俗语：汇昌蜜饯复昌糖，茶食糕饼朱一堂。翻过塘栖标志性的七孔古桥就可以看见“朱一堂”黑底金字的匾额。古朴的店堂内陈设着各色手工制作的糕点：桂花糖年糕、橘红糕、绿豆糕、枇杷梗、麻酥糖等等。店内挤满从杭州、临平来的顾客，都是冲着这家老店名声。朱一堂是由掌门人朱宗权的太爷爷朱鹤亭在1914年开办的，如今已经是第四代传人。因为祖上行医，所以取名为“朱一堂”，经营一些进口的西药。“朱一堂”传到第二代朱蘸(“靔”的繁体字，古同“天”)法手里，不仅经营进口的西药，还开始经营日用品、糕点零食。当时店里聘请了二位徽式糕点师傅，开始自产自销酥糖、黑芝麻片、糖金枣等糕点零食。抗日战争爆发，瓶窑沦陷，朱氏举家逃往金华，直到1945年日本投降了，才回到瓶窑，重开“朱一堂”。新中国成立后，“朱一堂”经历社会主义改造、公私合营。1998年朱宗权组织原余杭县罐头厂部分工人重新恢复“朱一堂”。之前，朱宗权曾经担任过塘栖镇长虹食品厂厂长，并创办余杭县罐头厂。在他担任塘栖镇长虹食品厂厂长期间，为进一步挖掘传统糕点做了大量的工作，长虹食品厂是当时全县糕点行业品种最多、销量最好的纯糕点生产企业之一。他多次受到主管部门和县里的表彰。

2009年开始，“朱一堂”的第五代传承人朱亮正式接手“朱一堂”。因为朱亮从小生长在糕点家庭，耳濡目染下，对糕点也有着极大的热情，他大力发掘各式的糕点品种，而朱亮也继承着“绿色糕点、诚信经营”的信念，从不在糕点中加入防腐剂，依然沿用古法制作，依靠传统配方。朱亮说，他宁可放弃一些生意，也要保持着“朱一堂”这个品牌始终如一，让传统糕点的品种不失传，味道不改变，绿豆糕、桂花糖年糕、粉蒸蛋糕等，都是在古镇上公认的招牌糕点点心，这也可以理解成朱亮作为一个传统糕点制作工艺传承人对匠心的坚守，也是百年老店“朱一堂”对消费者的尊重与承诺。“朱一堂”经过百年的人生沉浮，历经风雨，在五代传承下，为弘扬糕点文化，打造塘栖糕点这一金品牌继续努力奋斗。

除糕点之外，瓜果之乡还盛产果酒。在塘栖镇的水北街上，随处可见小小的酒坊。这些酒大多用瓜果鲜花酿成，度数不高，香气扑鼻。芬芳的桂花酒、酸甜的青梅酒、醇厚的米酒……各种酒的香气随着春日的和风，飘向大街小弄，吸引着游客，格外醉人。

图 1–22　朱一堂

图 1-23 朱一堂糕点

（三）“仓廪”——千年谷仓之历史

塘栖镇是民国时期长三角一带最有名的米市，谷仓在农业的起源、文明的诞生、城市的兴起过程中所扮演的重要角色，都一一呈现在运河谷仓博物馆里，成为塘栖发展史一个阶段的缩影。北宋以前，塘栖只是一个小小的渔村，“一乡村，居人不多也”。元朝末年，张士诚开辟杭州段塘栖至湖墅新航道，塘栖成为江南重要的水路码头，小镇初现雏形。明朝年间，陈守清修建了广济桥（修建了9年），两岸相连，塘栖一跃成为江南巨镇，“生意兴隆，名流荟萃，高贤栖托”。

在塘栖古镇沿着一条曲径一直走，便可以进入一座下沉式的建筑，它就是运河综合保护工程的亮点之一，是水北街上的运河谷仓博物馆。这是一座大型的世界性历史博物馆，也是国内唯一一所以谷仓为主题的全代史博物馆。在这个运河边的博物馆里，讲述着千年谷仓的故事……“一粥一饭，当思来之不易；半丝半缕，恒念物力维艰”，农民辛勤的汗水换来了秋收的喜悦，走进谷仓博物馆，可以体验谷物入仓的美好。

旧时，塘栖因漕运（漕运是利用京杭大运河调运粮食的一种制度）而兴，带动了塘栖的经济发展，才有了大塘栖的繁荣昌盛。

展馆有保留完整的乾隆十六年的御碑和现有兴良米厂原国家储备粮仓的老建

筑，通过挖掘运河漕运文化和谷仓之间的关系及谷仓和农业起源、文明诞生、城市兴起、人类战争与和平的关联，阐述谷仓在人类生存与文明进步中的地位。整体景观以“多稼如云”为主题，营造兼具传统文化内涵和时代精神的新人文节点，为塘栖镇水北历史街区提供一处公共开放的休闲场所。在博物馆，你能看到谷仓在农业的起源、文明的诞生、城市的兴起中所扮演的重要角色，还能看到各种造型、各个国家及各个年代的粮仓。此博物馆共征集到展品200余件，有新石器时代的农耕用具，如石器、石斧等，还有汉代的明器，如谷仓罐、屋模等。其中春秋时期的一款米缸、东汉时期的仓房，非常具有观赏价值。博物馆内从动物的冬季生存讲述至人类城市文明的诞生，以及介绍中国古代帝国仓廪体系……

为什么会在塘栖成立一个这样的博物馆？其实，杭州是漕运的起点和终点，而塘栖是民国时期长三角一带最有名的米市。现在的水北街历史街区内，仍保留着兴良米业和国家储备粮仓旧址。谷仓的发展史，其实也是塘栖发展史上一个阶段的缩影。

中国人常说“民以食为天”，而农民更是以谷物囤满仓为基础。博物馆内便展示了中国各民族的谷仓模型以及世界各地的谷仓模型。中国是一个以谷物为主食的国家，博物馆内有五谷模型品以及五谷收割时用的农具，五谷加工后制作的食物也全部展现给大家。从古时的粮仓发展，我们可以看见历史的兴衰，大运河的变迁。大运河是华夏大地的一条命脉之河，纵观千年历史变迁，无论是运输物资，还是南粮北调，甚至是发动战争，大运河的作用都举足轻重。

运河边的粮仓，一直是封建王朝巩固统治的基石。如今，透过这些粮仓遗址，展现在我们面前的是一幅幅生动的运河历史画卷。

古代的粮仓，有中央粮仓、民间粮仓、军仓、社仓、转运仓等多种，国外的谷仓在博物馆内也有所展示，可谓是世界谷仓大全。

北京南新仓

“南新仓”是明清两代京都储藏皇粮、俸米的皇家官仓之一，明永乐七年（1409）在元代北太仓的基础上起建，至今600年历史，凝聚着古代劳动人民勤劳、勇敢、智慧的结晶。南新仓现保留古仓廒9座，是全国仅有，北京现存规模最大、现状保存最完好的皇家仓廒，是京都史、漕运史、仓储史的历史见证。

浚县黎阳仓

黎阳仓是隋唐时期大运河沿岸重要的国家官署粮仓，据记载，古时的黎阳城位于浚县城东北方向，黎阳仓因靠近古黎阳城而得名。这座接近正方形的仓城，东西约260米，南北约280米。黎阳是过去的粮食丰产区，根据已确定的仓窖平均容积计算，黎阳仓的总储量约在1500多万千克，这些粮食足够8万个成年人吃上一整年。

洛阳回洛仓

回洛仓建于公元606年，是隋炀帝在洛阳设置的“国家粮仓”。仓城呈长方形，东西长1140米，南北宽355米，总面积达40多万平方米。目前已确定的仓窖数量达220座。按照仓窖的分布规律推算，整个仓城的仓窖数量约达700余座。一个内径10米、深10米的仓窖，储粮量在25万千克左右。如此计算，回洛仓的储粮总量可达3.55亿斤，可以想象，当年的回洛仓城是何等壮观。而事实上，回洛仓的规模在当时只能屈居第二。

巩义兴洛仓

公元606年，隋炀帝在洛阳巩义设置了一座大型粮库，号称天下第一粮仓，隋炀帝为这座仓城取名兴洛，寓意洛阳兴旺、繁荣。兴洛仓又名洛口仓，洛口二字刚好点名了仓城地处的重要位置。公元617年，各地反隋起义军风起云涌。瓦岗军首领李密率队先后攻取了黎阳仓、洛口仓与回洛仓，随后开仓赈民，任由百姓取食。粮仓失陷，洛阳城中就此断了口粮。短短一年过后，隋朝灭亡。

洛阳含嘉仓

汲取了隋朝覆灭的教训，唐太宗李世民把最重要的国家粮仓直接建在了东都皇城的旁边，这座粮仓就是著名的含嘉仓。40多年前随着含嘉仓遗址的问世，在发现的287座粮窖中，其中一座竟然还存有粮食。据记载，唐朝时窖内的谷子可藏9年，稻米可藏5年。含嘉仓160窖内的谷子保存至今已有1300多年，颗粒仍可辨认。

淮安丰济仓

淮安古称楚州，地处黄河、淮河与大运河的交汇处。明清时期，由于独特的地理位置和重要的政治地位而成了南北互通盐粮的重要中转站。同治七年（1868），漕运总督张之万在清河县城建丰济仓，收集杂粮存储，以备清河县遇到灾荒时赈济之用。明清时期淮安城中最大的粮仓丰济仓，历经战乱，如今已经隐匿在民宅当中。

杭州富义仓

“北有南新，南有富义”，这句话说的正是明清时期两座最著名的天下粮仓。富义仓始建于公元1880年，仓内共有五六十间粮仓，每间约20平方米，可存四五万石谷物。清光绪十年（1884），谭钟麟调任陕甘，临行前将仓库命名为富义仓，命名取“以仁致富，和则义达”之意。新中国成立后，富义仓由杭州市粮食公

图 1-24　富义仓

司接管，作为民生仓库分库，后部分改为军区家属宿舍和杭州造船厂职工宿舍。

北京皇家粮仓

“云光水色潞河秋，满径槐花感旧游。无恙蒲帆新雨后，一枝塔影认通州。”清代书画家王维珍的一首《古塔凌云》，为人们勾勒出了千年以前的通州旧景。公元1292年秋天，由水利专家郭守敬主持开凿的通惠河修建完成，通惠河开浚后，北京城中陆续建起了大小粮仓几十座。

据记载，至明朝永乐年间，北京东城朝阳门附近有7座官仓：北侧有海运仓、北新仓；中部有南新仓、旧太仓、兴平仓和富新仓；南侧有禄米仓。它们共同担负着京师储粮的重任，在南粮北运的过程中发挥着重要的作用。

千百年来，运河沿岸的粮仓星星点点，几经更替。正是透过这些粮仓，今天的人们经过不懈努力，达成了与历史的对话。

同时，从这光影流年里，我们也能看到余杭的粮仓记忆。人们常说“民以食为天”，因此与粮食有关的事情都是“天大的事”。造一座粮仓，不但要地势高，防水淹，还要防潮通风，使仓粮历久不坏。

新中国成立后的余杭粮仓发展史

新中国成立初，百废待兴，余杭粮仓大都由旧庙宇、祠堂、会馆、民房等旧建筑改建而成，至1953年，余杭县有粮仓80座。

1953年冬余杭实行粮食统购统销，农民生产的粮食除留起口粮、种子、饲料粮外全部由国家统一收购，粮仓应需而建，管理水平日趋提高，1952年底实现

图 1-25　余杭四无粮仓陈列馆

“无虫”粮仓8座，1954年创建“四无”（无虫、无霉、无鼠、无雀）粮仓30座。

1987年，余杭共有粮仓360座，建筑面积71919平方米，总仓容量11.9万吨。其结构大部分为房式仓，共246座，仓容量8.7万吨，占73%。其他为苏式仓16座、拱形仓13座、民房仓17座、简易仓8座、土圆仓34座、方仓4座。

1993年1月粮食销售市场放开，粮食在超市、商场、便民粮店都有供应，价格也随行就市。1998年，粮管所转制分离，仓库也一分为二，其中收储公司198座。进入90年代末，随着城市化日益推进，旧城改造加速，旧仓库陆续拆除，尚存储粮仓库86座，仍多以老旧、偏远为主。

为集中储存储备粮，2004年在仓前镇开工建设2万吨级的现代优化中心粮库，2006年投入使用，2010年因杭州征用拆除。2007年至今，目前余杭有良渚、瓶窑、径山三个现代化中心粮库。2007年，为保存原“四无粮仓”旧址，吴莹岗等人于仓前筹建余杭四无粮仓陈列馆，2009年7月8日正式开馆，经不断完善，余杭粮食仓储发展脉络得以展现。

余杭现存老粮仓

余杭现存的老粮仓有两处，一处为仓前的四无粮仓陈列馆；另一处就是塘栖水北粮站。

图 1-26　“粮仓”到“良仓”的华丽转变

（1）余杭四无粮仓陈列馆

余杭四无粮仓陈列馆前身是仓前粮仓，在仓前街道灵源村，南临余杭塘河，紧依梦想小镇和杭师大仓前校区。这也是首批全国“四无粮仓”旧址之一。现存4栋单体建筑，均坐北朝南，总占地面积1661平方米。其中两栋老仓建于清代道光年间，为三间二进木结构房屋，前后各有两个天井，大门直对余杭塘河，河边原有一个泊船码头，供运粮船只停靠。

图 1–27　水北粮站旧照

陈列馆主要反映20世纪50年代老一辈余杭粮食人创建全国首批“无虫”粮仓和“四无”粮仓的光辉历史，是一座集粮仓文化、粮油文化和粮食廉政文化于一体的专业陈列馆。

图 1–28　运河谷仓博物馆解说墙

新中国成立初期享誉海内外的“四无粮仓”，曾把仓前这个名字传遍世界。现在在同一片土地上，作为未来科技城的核心，梦想小镇的所在地，“仓前”的名字再次被世人牢记。小镇上的良仓孵化器，承接了仓前粮仓的使命，良禽择木而栖，筑梦天下良仓，希望这里成为汇天下优秀创业人才的“大粮仓”。

（2）塘栖水北粮站

水北粮站位于水北街95号至96号，屋内现今还维持着米铺原型。水北粮站前身是一家名为“广泰丰”的私人米厂，开办时间可追溯到民国，新中国成立后国家实行“公私合营”，“广泰丰”米厂被国家接手经营，属塘栖粮管所管辖下的一个粮站，“水北粮站”由此而来。

至今店内还保留着一个大米斗，因一楼比较潮湿，故米都存放在二楼，通过米斗输送下来出售。当时的米就是这样从店内保留的大斗中“漏”到楼下卖出去的。

（四）“汇昌”——杭城饮食之特色

杭州的美食文化源远流长。自秦统一六国，在灵隐山麓设县治，称钱唐，属会稽郡开始，至今已有2200多年的历史，历经两汉、三国、两晋，在隋王朝建立后，于开皇九年（589）废郡为州，“杭州”之名第一次出现在我们的生活中。在此期间，许多杭州特色美食便依运河而生，自山水中跃出。从青梅蜜饯到各色糕点，从百年前的货店到今天的商铺，这些美食与杭州的文化在历史中沉浮，携着它们独特的味道与记忆向我们走来。

1.诞生在水边的美味

吴山酥油饼是浙江省杭州市特色传统名点，至今已有七八百年历史，号称“吴山第一点”。相传五代十国末期，赵匡胤与南唐刘仁赡在安徽寿县交战时，当地百姓用栗子面做成酥油饼支援赵军。后来赵匡胤当了皇帝，经常命御厨制作此饼食用。宋高宗时，迁都临安（今杭州），也常吃此饼，之后由御厨传到民间，人们在吴山风景点仿照此饼改用面粉起酥制成吴山酥油饼，而流传至今。

图 1–29　塘栖美食

葱包桧有一个有趣的典故。公元1142年，民族英雄岳飞以莫须有的罪名被害于监安大理寺，对此，杭州百姓十分痛恨秦桧夫妇。有一天，杭州有一家卖油炸食品的店主王二，捏了两个人形的面块比作秦桧夫妇，将他们揿到一块，用棒一压，投入油锅里炸，嘴里还念道“油炸桧”，有时炸多了，一下子卖不出去，但他对秦桧夫妇恶行还愤愤难平，就将冷油炸桧在热锅一烤，把烤熟的油炸桧同葱段卷入拌着甜面酱的春饼里，再用铁板压烤，烤到表皮呈金黄色，油炸桧“吱吱”发叫，王二方才解恨。烤完后王二拿起来一吃，觉葱香可口，便取名叫“葱包桧儿”，得知这样小吃的名字后，市民争相购买，从此，这种小吃便在人们对岳飞的喜爱和对奸臣万分痛恨的情感下流传下来。

定胜糕则是在宋时百姓为韩家军出征鼓舞将士而特制的，这糕点式样很别致，两头大，中间细，蛮像个定样，也借此将金军的阵势告诉了韩家军，所以在之后打的太湖一仗，韩家军大获全胜，苏州百姓送的定样糕立了大功。因为定榫和定胜谐音，韩世忠就把这糕名为“定胜糕”。

猫耳朵的来由与乾隆有着紧密的联系。据说乾隆曾经打扮成客商，借了条小渔船游西湖，突然天降大雨，只能进船舱躲雨。娇贵的乾隆爷在船上坐久了觉得饿，要渔翁做碗点心吃吃。老渔翁说没有擀面杖没法做，这时渔翁的小孙女说她可以用手做。正巧小孙女养了只小猫咪，而捏出的面团又像是小猫的耳朵，就此得名。

杭州人爱吃。从鳞次栉比的饭店，到随处可见的小吃店，只要你物美价廉，就算排着长队，杭州人也一定捧场。杭州从全国众多美食名城中脱颖而出，成为首个获得“中国休闲美食之都”称号的城市与此不无关系。

1956年3月，浙江省饮食公司在杭州举办了“全省饮食系统食品展销会”，展出菜点1100多种，评选确定浙江省第一批名菜66只，其中杭州名菜36只。这36只名菜基本上涵盖了当时杭州美食的精髓所在，叫花童子鸡、龙井虾仁、西湖醋鱼、东坡肉等，都一一在列。这些名菜在传递杭州美食精致的同时，也传承了杭州饮食深厚的文化底蕴，在每道菜的背后，几乎都蕴含着一个历史典故。杭州菜最早可追溯到1000多年前的南宋，当时临安作为繁华都市，南北名厨济济一堂，各方商贾云集于此，杭州菜达到鼎盛时期。当时的能工巧匠，凭借自己的天赋与智慧，逐渐烧制出一些风行一方的菜肴来，这些菜肴经过多朝演绎改良，最终呈现出如今的模样。

2014年，杭州市时隔半个多世纪，重新评定36道名点，塘栖镇的粢毛肉圆、细沙羊尾、汇昌粽榜上有名。

作为旅游名城，杭州人对外来者十分包容，而这也决定了饮食的开放性，杭帮菜讲求色香味形也决定了和谐统一。不管东南亚菜、苗家菜、川菜，杭州人都以兼容的态度接受这份异地的饮食文化，也因此汇聚了世界各地的风味小吃。杭州的包容和开放在以一种全新的姿态，接轨海内外大市场，不断叫响杭帮菜品牌，催生了多样化的餐饮品牌格局，涌现了以楼外楼为代表的区域性老字号品牌、以外婆家和胖哥俩为代表的全国性拓展品牌、以大龙燚为代表的外来品牌。

首届中国美食节在2000年11月举办，在本届美食节上，举行了新杭州名菜评选，评出了48只新杭州名菜，是一次对杭州菜的重新梳理。在第二届中国美食节上，“知味观”“张生记”“红泥”等酒店被中国饭店协会授予“中华餐饮名店”称号。此后，在每一年的美食节上，都会有不同的主题出现，如“新人王”大赛、杭帮菜108将评选、婚宴大赛等。中国美食节的创立不但扩大了杭州餐饮的知名度，更重要的是，它提供了一个相互交流学习的平台。新时期杭州餐饮乃至中国餐饮的大步发展，与这种大范围交流的通融密不可分。

新时期，随着“西湖西进”战略的实施，西湖的面积扩大了，属于杭州人的休闲地也更多了，跟随“西湖西进”的步伐，一大批崇尚品质生活的餐厅也开进了景区，形成杭州特色的“山水景餐厅”。这些餐厅中，有高端如“知味观·味庄”，有小资如“绿茶”，有农家风情如“灶丰年间”，形态各异，摇曳生姿，它们构成了杭州人对于餐饮与生活的理解。这些餐厅的形成，典型地反映出杭州这座休闲之城的特色，市民去这些餐厅就餐，一半是为了吃饭，一半是为了消遣。在山水间吃吃喝喝，是对杭州生活最好的点缀。

与此同时，为进一步推动杭州美食行业的发展，杭州还优先发展一批美食项目。如培育和保护一批“名店”和“老字号”品牌企业，将杭州餐饮老字号注入时代精神，焕发生机，使其金字招牌的内涵得以发掘，并着力推进娃哈哈、五丰、佑康等集团公司的发展；认定培育一批“杭帮菜”代表性菜肴及年度热销、流行菜肴；挖掘运河文化，筹建初具规模的运河特色餐饮，规划建设“美食街”；设计策划杭州“美食之旅”特色旅游产品，开辟系列美食线路，打响“吃在杭州”品牌；建设门类齐全、功能完善的杭州美食信息平台，将过去单一的作坊式经营，发展成了现在的以餐饮为龙头，集工、商贸为一体的多元化经营模式，叫花童鸡、东坡肉、杭州酱鸭、小笼包等真空包装和速冻食品开始纷纷摆在了市内外商场、超市的货架上，让外地游客也能品尝到杭州的美味佳肴。

除此之外，杭州食品发展还在不断间接促进中药经济的发展。食疗学是饮食文化的一门子学科。中医治病强调“固本培元”，所谓“三分治七分养”，我国的药膳已经有数千年的历史了。杭州有不少老字号的中药馆，为制作药膳提供了材料。

悠悠岁月，朝代变迭，历史流传，变的是口味，不变的是情思。杭州美食在传统与创新中蓬勃发展，以宽广的胸襟期待挑战、勇立潮头。

2.运河之滨的美食街

被杭州吃货称为“宵夜圣地”的地方，就是胜利河美食街了。古色古香的大运河畔，满街的红灯笼亮起来，既市井又不失文艺。街上地道的餐馆很多，四方食客云集，生意火热，每天傍晚5点到次日凌晨2点都有小吃夜宵供应。700多米的美食街点缀了10多处四季有花的景观小品，不经意间就是一道风景。而沿街高高挂起的1140套崭新的大红灯笼，更是让夜晚的胜利河美食街“花市灯如昼”，多了几分“风韵”。挑逗味蕾的夜宵街，一年四季人气都很旺。酒足饭饱之后还可以去由清代粮仓改造的咖啡馆小憩，相当安静惬意。美食街由著名国画大师潘天寿的嫡亲外孙朱仁民先生设计，于2009年12月底开街，已有三十余家知名餐馆入驻，包括许府牛杂、川味观、樟树底、老头儿油爆虾、象山海鲜－青菁酒家、阿三烧烤、小城牛事潮汕火锅、小绍欣、新浪有约扇贝王、鑫隆鸡爪王、南翔馆、胖哥肉蟹煲等，现人气日渐旺盛。胜利河美食街，堪称杭州人家门口的美食街，无论是小吃还是正餐，在这里你总能找到你想要的，不管是盛夏的深夜想吃啤酒烤串小龙虾，还是冬天的晚上想吃火锅炒菜暖暖胃，这条街基本上都能满足你的需求。

全新修复的大兜路历史街区西面是运河，东面是商铺。整条街给人的感觉是既开阔，又整齐。风格统一的仿古建筑，让这里的每一家店，都具有了一种仿佛与众不同的气质。另外，每家店的营业面积，也都比闹市区里的同行们要大许多，光

图1–30　胜利河美食街糕点

说就餐环境，就把其他美食街甩开了老远的距离。最重要的是，在这儿吃饭，绝对不用遭遇人挤人的烦恼。即使你选的是要排队的“绿茶”，也同样可以领了号，然后悠闲地到运河边看着风景等号。这等散淡的心情，估计是在其他任何一条美食街都享受不到的。

运河上街位于运河广场和拱墅区政府的对面，总建筑面积近8万平方米。整条步行街共七层：地下二楼是停车场，加上地面车位总共有800余个机动车车位。这都不足为奇，但是它的长度从金华路开始直到上塘路，东西“街”长约350米，南北的“街”宽60米，中间是12米宽的内廊，被称为“室内的步行街”。作为杭州首条以低碳概念打造的商业步行街，家庭型时尚休闲购物中心为定位的运河上街，这条“街”上所涵盖的商业类型，集购物、美食、娱乐、休闲、旅游为一体。地下一楼以家居为主，另设韩国美食广场、创意超市。

第二章

百年明灭铸芳华

“汇昌”在近代史的历程中走得磕磕绊绊，有困难挫折亦有荣誉风采，在一个个十字路口，做出了自己深思熟虑的抉择。

塘栖多花果，一年四季都有不同品种的鲜果上市。但由于鲜果本身不宜久置，每年大批量的浪费令老百姓苦恼不已。明代中期，一个名叫吕需的塘栖人将蜜饯的制作工艺带入故里，自此，塘栖镇上又多了一种名叫“蜜饯”的小吃。将鲜果制成蜜饯，保质期大大加长，再往蜜饯中加入一些具有润喉养肺、调理肠胃等功效的疗方，食用价值更是提高不少。蜜饯引发了一场经济结构的变革，并一度跃升为塘栖镇的一项支柱性产业。而个中翘楚，非百年汇昌莫属。“汇昌”的建立还需追溯到清嘉庆五年（1800）。那时的“汇昌”名叫“汇昌南北货栈”，以制作和出售蜜饯为主。民国时期，著名金石大师吴昌硕、现代著名画家丰子恺先生来到“汇昌”探友，即当时的汇昌掌门人陈继明先生，边尝蜜饯，边叙旧情。1945年，“汇昌”发展成了一家拥有18000银元资金、近百名职工、94间栈房、上千余只货缸的大商号，拥有蜡烛、蜜饯、茶食、藕粉四个生产作坊。

2008年，塘栖古镇运河保护工程正式启动，围绕“左岸历史，右岸未来”的主题，将一些老底子商铺纷纷引入。从那时起，百年汇昌便在水北街上竖起了招牌。2010年，百年汇昌被浙江省政府办公厅命名为“浙江老字号”，其手工蜜饯（糖色）的制作技艺也被申报了《杭州市非物质文化遗产名录》。

(一)“百年”——始创清朝嘉庆

1.诞于嘉庆之缘由

一是塘栖浓郁的商品经济氛围。塘栖作为水乡市镇，河网密布，明正统四年(1440)，塘栖开浚大运河，居民初集，负塘而楼，集市初成，到清代中叶，随着缫丝等业的日益发展，塘栖已成为杭、苏、沪流域通商要埠，“百货辏集，舟航上下，日有千百”。商市以西石塘起至东石塘，并市河东西两岸为最盛。所有店铺，沿河而筑，门前廊檐，跨越街面，直齐河埠，俗有“雨天上街，勿用撑伞穿钉鞋”之说，其独特的水上街市风貌被著名文学大师丰子恺先生评价为：“江南佳丽地，塘栖水乡是代表之一。”至民国二十二年(1933)十一月，全镇已发展到大小商号近700户，为杭县第一大集镇。且四乡土壤宜植桑麻蔬果，物产丰富，其枇杷、杨梅、青梅、菱藕、甘蔗久负盛名，素以鱼米之乡、花果之地著称。塘栖发达的市场还吸引

图 2-1　热闹的水北街

了全国各地商人来此经商，如著名的泉漳丁氏、沈氏家族长居于此经商致富，来自徽州、宁波、绍兴、东阳等地的商人还成立会馆进行协商议事。

自开埠以来，塘栖一直是个商业的天堂。15世纪市镇形成之初，就出现依托运河的商业——粮食与丝绸的交易，商人们在春季经营茧丝，夏季经营瓜果，秋季经营大米，冬季经营鱼虾。这四个行业扩展了古镇的南岸，并开始跨过广济桥向北岸“感染”。粮食业即米行也开启了古镇的北岸工业，这里至今还存有一家水北粮站。

由于位居水路要道，故塘栖成了一个著名的水陆码头，镇上各行各业的商家，其目标客户绝大多数系踏水而来。为了方便客户，为了拉到更多的客源，镇上的商家们纷纷选择沿河设市，从而形成了“两廊灯火映溪红”的独特场景。在穿镇而过的运河南北两岸，这里地当水陆通途，船舶来往，行旅征程，昼夜如织，故成了热闹的集市中心。

二是塘栖的蜜饯文化。提起蜜饯，很多人会不由自主地想到皇宫，的确，蜜饯与皇宫的渊源着实不浅。清道光年间（1821—1850），汇昌所产的蜜饯被道光皇帝选为贡品；到了光绪年间（1875—1908），汇昌已经成为清朝内务府的“指定供货商”。蜜饯在古代官家贵族的礼席上占有重要的位置，明洪武二十六年（1393），内府刊印《敕定诸司职掌》所载“亲王婚礼仪式”，定亲礼物就有“蜜煎二合、枣子二合、干葡萄二合、胡桃二合”。随着蜜饯制作业的发展，这些排场也逐渐渗入到当地的礼仪习惯中，在塘栖人家的一些宴会上和招待重要客人时，“糖色”四品是餐前必上的甜点，以表达主宾美好的寓意；在婚礼上，也一定会摆上蜜饯，象征新人甜甜蜜蜜，白头到老；旧时过年大人小孩在正月初一的早晨一定要吃蜜枣，寓意在新的一年过得甜甜美；客人登门拜年，也要泡一盏蜜枣茶，蕴含甜蜜的祝福，在人文交往中也有意想不到的促进作用。在塘栖的地方谚语里流传着这么一句详细描写塘栖特产的话：“汇昌蜜饯复昌糖，糕饼茶食李恒昌，零零碎碎跑华昌。”道出了汇昌在塘栖蜜饯中的独特地位。汇昌所产蜜饯以塘栖时令水果为原料制作而成，经过长时间的糖制，成品中含糖量达60%以上，多呈现出半透明和胶黏的状态，主要有糖水青梅、糖水枇杷、话梅、金橘、杏脯等几十味，具有浓厚地方特色。当时汇昌最为畅销的“糖水青梅”，以百斤梅子百斤糖腌制而成，故久贮不霉变，食之甜中蕴酸、回味隽永，有“糖色之王”的美誉，是塘栖传统产品之一。近代余杭地区在招待上等客人时，流传着所谓“八大菜二十碟”，有四种糖色，其中就有“糖水青梅”这道菜。

三是嘉庆年间政治混乱、经济低迷。1800年到鸦片战争前夕，中国社会的内部矛盾已经非常突出，各地起义纷起、西北叛乱以及秘密结社使内部危机与日俱增；人口剧增，但依旧为小农经济，男耕女织，生产力水平低下，对外依然实施闭关锁国政策。这样的局面，使南北货栈的存在有了必要性，它通过水路的运输，基本满足了大家对物资的日常需求，并且相较于陆地运输，水路运输虽然花费时间较长但相对安全。

四是“宁波帮”具有经商头脑。宁波帮是中国近代最大的商帮，为中国传统“十大商帮”之一。宁波帮富有开拓冒险精神，三位创办人均为宁波人，他们看准时机合资开了“汇昌”。他们重乡情乡谊，同乡扶助观念特别强，能风雨同舟，“汇昌”的员工一直都是宁波人，直到抗战爆发后才有所改变；善于不断接受新事物，更新观念，推进民族科技文化的发展和社会生产力的全面提高。抗战胜利后，“汇昌”掌柜——宁波人陈继明担任杭县塘栖镇南北货公会的常任理事，后担任南北货公会理事长，成为当时杭县的商业领袖。

2.孕育汇昌之风土

江南水乡众多，为何塘栖孕育了汇昌，而非其他？塘栖在北宋时期最早还只是一个小渔村，渔民仅仅只是在这里散居，却又为什么跃居明清江南十大名镇之首？这都要从塘栖的发展讲起。

从宏观上来讲，中国经济重心自西晋以来不断南移，中国人口经过了三次大迁移。由北方迁移来的人把技术、生产资料、资金都带入南方。因为南方的水热条件比较好，生活环境比北方相对稳定，所以从宋代开始，南方的经济逐渐超过了北方。唐末军阀混战，南方的一些军阀为扩大势力，大力发展经济。自宋以来，南方一直是主要的粮食产地，手工业、造船业等行业也主要集中在南方。历史、环境等多方面的因素，造成南方经济比北方发达的局面。

在这样的大环境下，塘栖可以说是南方社会经济发展中的佼佼者，塘栖能够取得这样的结果并且能够孕育出“汇昌”这样的老字号，可以从以下几方面分析：

首先是其优越的地理环境。古代的江南地区河运是主要交通方式，塘栖古镇位于富饶的杭嘉湖平原南部，并且地处省会杭州城东北面，地理位置十分优越，是进出杭州城的北大门，更是古代从中原进入杭州城最重要的水上门户。古代的南北交通大动脉京杭大运河穿镇而过，水路四通八达，是连接苏、湖、杭、嘉、沪的水路要津。

除京杭大运河外，塘栖也有自己的水路系统。据明万历年间陈善《水利志》记载：“仁和之水，其河渠之大者有三，曰‘上塘’，曰‘下塘’，曰‘宦塘’。上塘自艮山门迄长安坝，下塘自北关迄大麻村，宦塘自高桥迄奉口，洪流巨浸，分为支河无算。”

以上史料记载了塘栖这条下塘运河优秀的通航能力。据此我们可确认，最晚在唐代，经塘栖往东至五杭、博陆、大麻、崇德的下塘运河，以及往新市、练市、东迁、南浔的运河已经存在，而且是湖州东南治域及苏南地区水路前往后来成为全国政治中心杭州的重要水上通道。元末张士诚役使二十万军民，开挖新开运河。从此以后，南北往来之舟船行旅、官船取道更加便捷的塘栖下塘水道往来苏杭间。也自此时开始，穿越塘栖镇区的下塘河成了京杭大运河杭州段的主航道，也成了维系皇朝命脉的“官河”。正是四通八达的水路通道，确立了古代塘栖成为江南巨镇、杭州门户的重要地位。

其次是重商的社会环境。在明朝隆庆年间，徽杭商贾纷纷来此，开典囤米、贸丝开车。明代胡心得《栖溪风土记》记载：“塘栖财货聚集，徽杭大贾视为利之渊薮。开典、囤米、贸丝、开车者，骈臻辐辏，望之莫不称财富之地，即上官亦以名镇目之。阛市所在，店铺林立，百货充盈；就地商市，以枇杷、甘蔗、荸荠、鲜鱼为大宗。”

塘栖因地近杭州的“舟行之利”，成为风帆梭织、舟车相继、百货汇集、名族聚居的富饶之地。从而有了“缘塘百货涌阛阓”“张灯彻夜何繁华”“萧鼓声喧春

图 2–2　旧时汇昌门店（蒋豫生绘图）

梦沓，两廊灯火映溪红”的繁盛景象。因为帝王的多次巡幸，塘栖有了乾隆行宫和御碑，也有了“水上官道”的金名片。至此始，塘栖已成为南北商贾荟萃、闻名全国的物货交流集散之地，并以浙江商业巨镇的形象出现在杭嘉湖平原之上，从而雄居“江南十大名镇”之首。

晚清至民国时期，塘栖未受朝代更换的战火波及，商业经济呈现出更加强劲的发展态势。镇内集市贸易尤为兴旺，甬杭绍商、安徽朝奉集聚趋利，朝市、晚市、香市、庙会支撑起镇上商贸，米市、水果、缫丝、织造、酿酒、榨油、航运各业也蓬勃发展。塘栖成为杭州北郊最大商业集镇，影响远及三吴两浙，甚至安徽、江西、福建等地，成为江南著名的水陆码头。

另外还有一个重要的因素是江南地区丰厚的物产。正是有了丰富的物产，汇昌这样的食品字号才能发展壮大。虽然塘栖田地较少，但是由于地处水路交通枢纽，江南盛产的水稻、糯米可以大量获取，而这两样是食品字号经营生产的原材料，米糕、年糕、粽子等小吃糕点，也依赖大量的稻米和糯米供应。也是这样充足的粮食供应，在保证人们填饱肚子之后，能够有剩余的粮食制作糕点点心，满足更高的需求。

据光绪年间《唐栖志》卷十八《事纪·纪物》记载：“唐栖田少，遍地宜桑，春夏间一片绿云，几无隙地。而土性又宜果，若枇杷、蜜桔、桃、梅、甘蔗最著也。培植极工，旁无杂树，一亩之地值可百金。”“橘则有金钱、佛肚脐等名。”塘栖所盛产的水果类作物，不仅可以被汇昌做成蜜饯，保存得更久以销往各地，也能作为糕点的原料，制作出橘皮糕、枇杷梗这样的小吃。

正是由于这些方面的原因，使得“汇昌”能够在塘栖出现发展，并且成为一家老字号传承到现在。

（二）“汇昌”——荟萃南北商货

“百年汇昌”的本质是南北货栈，它的存在意义是通过水路运输实现将南方、北方的货物在同一地方进行出售，而它的较大规模也可以容纳更多不同种类的货物。

1.解读“汇昌”之蕴意

在塘栖，商家开业，首先得给商店取个响亮的名字，这就叫做“字号”。取字号有一定的讲究，为了迎合顾客喜幕吉利的心态，商家多采用一些褒义的字眼来构成店名，以求生意兴盛，财运长久，如顺、裕、兴、隆、永、昌、亨、利、祥、泰、和、茂、盛、同、乾、德、吉、公、仁、汇、协、鼎、光、聚、全、信、义、天、致、恒、康、新、春、合等。塘栖旧时的不少店号都能从上述文字中找到，如汇昌、恒晶、鼎昌、聚源昌、致和堂、同福永、崇裕等。

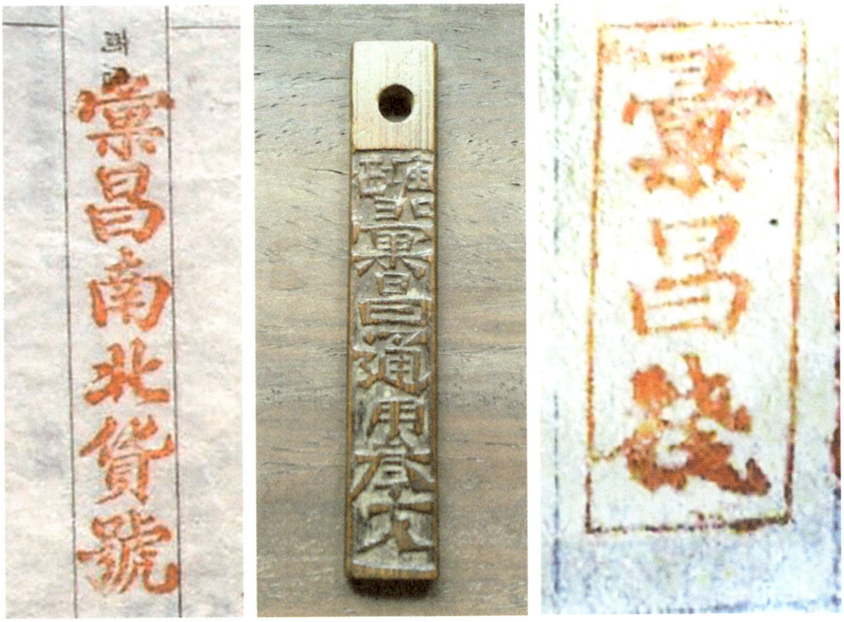

图 2-3　汇昌标识

字号也与一个人的名号一样，有个好的名字，容易让人记得住传得开，从而会给商家带来更多的利润。取好字号后，一些像样的商家还得有块像样的牌匾。牌匾一般横挂在店门上方或店堂的正上方，其主要内容是该店铺的字号，牌匾选料比较讲究，做工精细，先精雕细凿，将文字雕出外形，再用金漆涂写，形成黑底金字，看上去富丽堂皇。

“彙”（“汇”的繁体）在《说文解字》注为“器也”，在《易·泰卦》记为“拔茅茹，以其汇，征吉”。其本义为盛器的意思，后来引申出有“积聚、收集和汇出（集中涌现）、汇款”的含义。从小篆、楷体均可以看出它是上下结构，总体十分形象，即将“果”放在房屋中，寓有希望敛财的含义。

“昌”有兴旺兴盛的意思。《说文》中注：“昌，美言也”，本意是善、正当，饱含了创始人希望“百年汇昌”永远昌盛祥瑞、真诚待人的美好盼望。

2. 四大作坊之简介

汇昌的老栈房建于清代，在水沟弄东侧，新栈房建于民国，在水沟弄西侧，就是后来的废品收购站。据《唐栖志》记载，“汇昌”在清同治年间（1862—1874）已具相当规模，清末民初时尚有员工130多人。

汇昌批零兼营，拥有蜡烛、蜜饯、茶食、藕粉四个作坊，除经销蜡烛外，栈房均设于西石塘水沟弄内，共经营蜜饯、茶食、炒货、南北果品、海产品等200多种商品。

作为“看家本领”，制烛工艺成了“四作”之中要求最高的，土烛是以四川双善正统白蜡为原料，根根灯芯经过精选，师傅双手拎着十根烛心，往滚烫的蜡池反复拎淋，共要十六七次，而且速度一定要均匀，否则蜡烛会粗细不均，最大贡烛重百余斤。

汇昌蜡烛采用诸暨柏油。柏树是一种落叶乔木，种子外面包着一层白色蜡层称“柏脂”，可制蜡烛和肥皂，种子可榨油。汇昌蜡烛制作精良，点时蜡烛融化成碗状，聚在中间，不会泄油。这也是汇昌蜡烛在清光绪年间能成为朝廷贡品的原因。

“蜡烛”作坊有4个师傅，其工头在“四作”的薪水中为最高，与经理相当，由此也可以得出蜡烛在当时使用的广泛性以及汇昌蜡烛的优良和名声在外。

其次是“糕点”作坊，有3只大面板，各配3个师傅，另有4只小面板，各配2个师傅，当时有金张在《茶食》中写道：“茶食之癖亦何因，一人传两传三人。”

汇昌的蜜饯作坊规模最大，有300多个缸，20多名上手师傅，和若干小工做帮手。在塘栖，曾经流传着这样一首赞美汇昌的民谚：“汇昌蜜饯复昌糖，糕饼茶食李恒昌，零零碎碎跑华昌。”

3. 南北兼容之意义

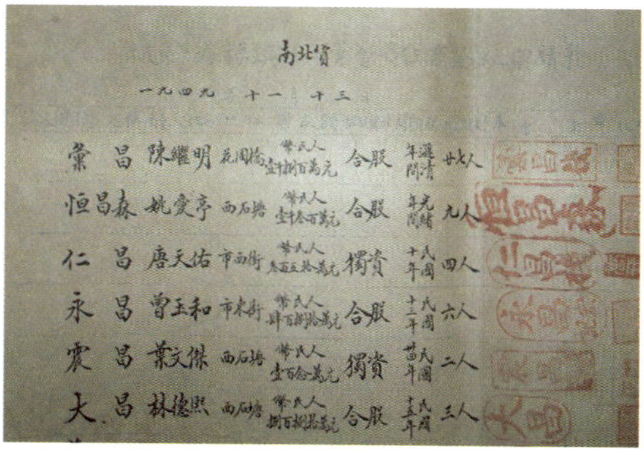

图 2-4　1949 年南北货栈登记情况

传统将桂圆、荔枝、海产品的干品、笋干等称为南货。核桃、粉丝、栗子等称为北货，统称南北货。南北货业，大多前店后坊、批零兼营，主要经营闽广蔗糖、茶食糕点、南北腌腊、山珍海味等。民国三十五年（1946），镇内有南北货栈29家。20世纪60年代，南北货与一般食品店合并。20世纪80年代后，大多由综合商场及摊贩综合经营，已无专营南北货的商店。“百年汇昌”在当时是属于规模较大的南北货栈。

首先，南北货栈满足了人们日常生活的部分需求。它的货物种类丰富、价格平易近人，使得人们尽可能以能够接受的价格获得所需之物。

其次，南北货栈促进了南北文化的沟通。它满足了人们的部分日常需求，由于南北货物的长时间流通，也在一定程度上使得南北文化在此过程中得以碰撞、交融，从一开始的难以接受到完全接纳，人们尝试着接触新事物，在思想上起到了一定的解放作用。

（三）“百年汇昌”——传颂天上人间

“百年汇昌”在当时的定位是模糊的，它不仅仅为达官贵族服务，同时也是普通百姓乐于时常前往购买的场所。然而不管顾客人群身份如何，相同的是其所获认可和喜爱。

1.辉煌于玉叶金枝

“汇昌”南北货栈初期只是一个自制自售的蜡烛摊，相传因所产蜡烛上佳，被清朝道光皇帝选为贡烛，从而声名鹊起，自此兴隆起来。

随着生意越做越大，“汇昌”开始涉及的范围也越来越广，在糕点这一块也做出了自己的名堂，如麻酥糖、水桃酥、云片糕等，也颇受当时人们的喜爱与追捧。30斤面粉、30斤白糖和30斤炒熟的芝麻研粉和糖加料制成麻酥糖，卷成细长圆条、切成小块，用一张小红纸包成长方形，小红纸上印有店家的招牌，其味香甜、质感松软、清香适口。

水桃酥是一种南北皆宜的传统特色小吃，先将干面粉放在操作台上，摊成盆状，再将白糖粉、熟猪油、鸡蛋、小苏打放入拌匀擦透，搓捻成饼状即可。虽制作方法简单，但仍以其干、酥、脆、甜的特点闻名全国。

图 2-5　汇昌茶糕

云片糕，模样一片一片，雪白雪

白的，主要原料有糯米、白糖、猪油、榄仁、芝麻、香料等十来种，各种原料分别加工停妥，再掺合拌匀，压缩成形，最后由切片师傅执锋利的大方刀切得薄而均匀，再在上面点着红的绿的蜜饯丝儿，咬上一口，凉丝丝的甜味融上舌尖，质地滋润细软，犹如凝脂，能久藏不硬。

虽然依靠蜡烛、糕点，汇昌生意渐渐昌盛起来，但它并不局限于此，“汇昌”开始制作起蜜饯。因为味道独特，其所产的蜜饯也被道光皇帝选为贡品。光绪年间，汇昌蜜饯已经成为清朝内务府的指定供货商。

2.热闹于白袜青鞋

“汇昌”在当时是塘栖唯一兼营滋补品和香料的南货店，它批零兼营，蜡烛可能是最先经营的业务，后来随着业务扩展，逐渐经营起蜜饯、茶食、炒货、南北果品、海产品等两百多种商品，零售有青梅、白梅、糖藕、樱脯、糖佛手、甜青果、蜜香元、红绿丝、麻酥糖、水桃酥、云片糕、松子糖、寸金糖、藕粉、彩蛋、龙凤烛等百余种，于是也便在平民百姓中活跃了起来。

旧时在清明节前后，有大批苏州、嘉兴、湖州等地的香客要去杭州朝山进香，往返时均得在塘栖镇停船住上一宿。清初《栖里景物略》称“江南数郡，当春三月进香天竺，由西水抵关时，泊舟两岸，贵游士女，画航络绎，管弦歌吹之声彻曙不绝”。南来北往的香客们比较青睐的特色商品是塘栖蜜饯——“糖色”。塘栖蜜饯远近闻名，当年最有名的商号中就有“汇昌”这家南货店。旧时余杭各地素有传统庙会，仅塘栖镇的庙会每年就有十多次，如二月十九观音庙会、超山蚕花会等，由于传统的借“会”聚“市”，短期内集中了大批善男信女，吸引了四方商贩，成了形式独特的物资交流会，其中时令休闲食品“塘栖蜜饯”最为抢手。

图 2-6　“汇昌”掌门人虞铭收藏的最小糕模

在平常，买了菜的主妇们、卖了蔬果的农人们常常会顺路踅进南货店购买塘栖蜜饯。每逢清明，凡到超山、灵隐朝山进香者，船经塘栖，均要上岸带走一点汇昌蜜饯，用以馈赠亲友。一个香汛，汇昌蜜饯销售近万斤；快到年脚边时，塘栖老镇人和远远近近的四乡八村相沿成习，都要去这类南货店选购礼品。店家也喜欢讨喜头，顾客买点什么，都会高声吆喝出来："红枣两斤"，"藕粉一斤"……钱币投入柜子的声音"哗啦啦""咣啷啷"，也显示着店里生意的热闹。

（四）"百年"——历经岁月淘沙

自清嘉庆五年（1800）算起，时至今日，这家老字号已走过200多年的历史。在这200年中，它有收获过自己的荣耀，也曾深陷于岁月的逆境，但它终究是走了下去，以生机勃勃的姿态展现在我们面前。

1.折桂首届"西博"

"曾与壶浆共一箪，惯尝糖色味清欢"，"指上还余清浅味，此身忽落雪香窠"，汇昌蜜饯在过去获得了无数的称赞。

汇昌所产蜜饯以塘栖时令水果为原料制作而成，经过长时间的糖制，成品中含糖量达60%以上，多呈现出半透明和胶黏的状态，主要有糖水青梅、糖水枇杷、话梅等几十味。汇昌的传统产品之一——糖水青梅，以著名的超山梅子作为原料，以百斤梅子百斤糖的比例腌制，久贮不霉变，食之甜中孕酸，回味隽远，拥有"蜜饯之王"的美誉，受到当时人们的极度喜爱。

传统制作工艺分整理、初制、漂水、居缸、煮货、晒制六道工序。在1926年2月7日上海《申报》上记录了糖水青梅的制作过程：

> 制梅之法，手续极繁。兹将塘栖糖色栈中之制青梅法，略为介绍如下，以飨阅者。当四月中旬梅子已熟（非黄熟梅之熟），各糖食铺皆派人下乡收买，生梅买归后，则区其大小，分置数器，然后各自倾入一盐水缸中，腌出其酸味，约二三日取出，苍翠之梅已成黄色，复用清水浸之，又约半日，始动手雕核。雕核之前，先用小刀在梅首（即有蒂处）纵横切三刀，成米字形，于是乃用一铜制之小杓（状如扒鸦片灰斗者，而稍直尖端且锐），在切缝中刺入杓颇利，故伸入梅中，一经转旋，核与实即剖，然以离旋将杓一抽，核乃随之而出。此等工作，皆雇女工任之，切梅易雕核难，故必分工以作，雕梅之技，大有高下，老于此道者，核上净白无肉，初学者且有将梅挖破之虞，故欲求其核上无肉，殆极难也。
>
> 核既雕出，仍以盐水浸之，盖酸尚未尽，有再腌之必要也。经数日后，复亦以清水（淡水）浸去其咸味，彼时之梅已如黄橙，无复些微之绿

色，故盐味除去后，须投入矾水中浸之，使恢复其本色然，总不能如原时之绿，故须另加康青（颜料名）以染之，然后庐山面目使得不尽失真，而青梅之名亦能名副其实矣。

梅经数次盐矾水之浸蚀，酸味虽去，而咸涩疏甚，故须不时易以清水，汰其异味，然后再转入空净之缸内，厚覆白糖（大约半缸梅需半缸糖），务必四面揿紧，不露空隙，经若干日，糖悉化卤，于是再加生糖，一如前状。前后凡加糖五六次，依次递减二成，唯康青仅染一次，于第一次下糖前染之，多寡亦有一定之比例，否则非病涩口，必病色不足，必末次加糖毕，即封贮之，阅半年后可食矣。

图 2-7 汇昌蜜饯

在1929年杭州举办的首届“西湖博览会”上，糖水青梅与桂花姜等系列产品获得最高奖——特等奖，是年《工商半月刊》还专门刊载了《塘栖水果之调查》，对塘栖所产水果进行了详细的情况调查。

这是一次影响力堪比2016年“G20峰会”的西湖博览会，它是近现代以来在中国内地举办的规模最大的博览会，也可以说是中国会展业的开端，它如一针强心剂，给萧疏的工商业注入了新鲜的活力与血液。而对于“汇昌”来说，在博览会中展露出自己的风采，亦是一个推销产品与改进企业发展的良好商机。

2.发展期间所受重创

第一次是在咸丰年间的太平天国战乱。天平军和清军在塘栖激战——“梵宫琳宇尽付劫灰，臣室旧家半成瓦砾，风光百不及一矣”（光绪《唐栖志》卷四），为了抵挡太平军的攻势，拆运河堤岸巨石，使市镇设施和水路交通受到严重破坏。而以贩卖南北货为主的“汇昌”在水路被毁以及强盗不断的情况下，货物运送堵塞，产业受到了不小的打击。

第二次在抗战时期。塘栖在沦陷后，工商业遭到灭顶之灾，大量桑园被摧毁，工厂被日军强占为军营，“机械器具均为日人掳去”（民国《杭县志稿》）。经济损失巨大，每年仅农产品损失就有茶叶4000斤，蜂蜜500斤，黄蜡1000斤，梅100万斤，糖果50万斤等（民国《杭县志稿》卷十一）。直至抗战胜利后，外逃的工商大户、手工业者陆续返回塘栖，工厂相继复工，商业渐渐恢复。日寇将公路两侧梅林尽皆砍伐，青梅生产殆尽。至民国三十四年（1945），塘栖水北街的聚源昌、黄裕顺等经营蜜饯的老商号相继歇业，唯有汇昌南货栈，虽然也遭重创，员工从130多人，锐减到70多人，却仍然屹立不倒。

第三次在“文革”期间。在此期间，余杭的传统商贸业受到了极大的冲击，随着“破四旧”运动席卷余杭，凡印有龙凤、花鸟、佳人等传统图案的商品被视为“封、资、修”而通通停售。商贸老字号店堂内传统风格的招牌、摆设、装饰纷纷被拆除，只有少量体现时代特色的装饰保留了下来。传统老字号基本被“红卫”“立新”“为民”等带有政治色彩的名字所取代。农民发展果树则被视为“资本主义倾向”而严加限制。“汇昌”在这次动乱中受到极大的破坏，多次到塘栖“汇昌”访友谈艺的丰子恺先生所绘并赠与汇昌的折扇也在“文革”中被抄没，不知下落，一直挂在“汇昌”店堂里的一块木制招牌在“文化大革命”后也不知去向，招牌大约60厘米高、40厘米宽，黑底金字，上书“贡烛”两个大字，落款有“内务府”等小字。

（五）“汇昌”——寻求昌盛之路

经历过多次磨难之后的“汇昌”，随着时代的变革，或被动或主动地改变着它的经营模式，在一次次的尝试中，寻求专属于自己发展的最佳道路。抗战胜利后，汇昌南货栈又恢复发展，成为一家拥有18000银元资金、近百名职工、94间栈房、上千余只货缸的，塘栖食品行业中规模最大的商号。

1.开塘栖商业首创

20世纪30年代，“汇昌”开始使用玻璃柜台、日光灯照明、玻璃瓶装蜜饯，这都是塘栖商业史上的首创。“汇昌”的大掌柜——陈继明在抗战胜利后，担任杭县塘栖镇南北货公会的常任理事，后成为理事长，作为余杭商业的领袖。“汇昌”这一举动不仅推动了自己产业的创新与发展，并且为其他的商家提供了生动的参考案例，一定程度上也推动了日照灯等近代物件在塘栖的发展。据1947年2月19日上海《申报》报道：“塘栖镇上有一家汇昌老店，专制蜜饯的，生意鼎盛，后来苏沪各地都来采购。”

20世纪90年代初，在市场经济的推动下，大批计划经济体制下的商品生产者开始积极参与到这场大变革中。而“汇昌”在这次时代的潮流中，没有固守传统的

图 2-8　百年汇昌店内一景

思路，而是跟随社会经济的变化，主动作出相应的改变。

以前塘栖的蜜饯作坊生产的糖水青梅、糖水枇杷等“糖色”产品都用瓦罐盛放，以红纸封口，用线串拎，笨重不便。“汇昌”将自己生产糖水青梅、糖水枇杷盛于玻璃瓶用罗口铁皮盖封口，既直观，又延长了“糖色”的保质期，以便外运，成了第一个在塘栖使用玻璃瓶密封盛放糖水青梅的蜜饯制造商。玻璃瓶无毒、无味，透明、美观、阻隔性好、不透气、原料丰富普遍，价格低，且可多次周转使用；并且具有耐热、耐压、耐清洗的优点，既可高温杀菌，也可低温贮藏，可以说是包装蜜饯的最佳选择了。

2.公私合营之路

“汇昌”在之前一直采取职业经理人制度。民国末年，“汇昌”屡经陈、汪、裘三姓后代各房拆分，已经有了20多个股东。各家股东都不在本地，他们一般每年中秋、春节来两次，过年时来分红利，并给员工发放年货和红包。“汇昌”经理为陈继明，协理章春源，会计金永绥。

新中国成立之初，由于市场形势恶劣，1950年，股东们最后一次来“汇昌”取走了柜上和汇昌存在钱庄的全部现金，请大家吃了一顿饭，共三桌人，并告诉员工说：“汇昌”我们不要了，大家留去自便，自谋生路吧！从此以后，股东们再也没有来过“汇昌”，也没有与汇昌发生过任何联系。在陈、汪、裘三姓股东们抽走全部流动资金后，“汇昌”在经理陈继明的带领下，开始了一段员工、伙计凑资金，合伙经营的艰难时日。其间，一些有门路的伙计另谋生路走了，有一技之长的员工则另起炉灶，自己办起了小货栈、小商店。到1956年时，汇昌南货栈的员工又从抗战胜利以后几年的近百人锐减到了47人。此时的汇昌，实际上已经濒临倒闭。

“汇昌”要破产停业，新生的杭县人民政府却舍不得这个当时就有150多年历史的“老字号”，县政府的意见是“汇昌不能倒”。在杭县人民政府的动员和帮助下，“汇昌”又有20多名员工自愿离职，自谋出路。只剩了23名员工的“汇昌”，负担大大减轻了，也终于有了再坚持一下的可能。

1956年初，全国范围开始了对民族资本主义工商业进行社会主义改造运动，这就是后来人们所说的“公私合营”。已经被原始股东自动放弃了产权，又经营困难的“汇昌”，“公私合营”无疑是求之不得的生路，于3月成为公私合营企业，并与恒昌森等糕点作坊合并建成塘栖长虹食品厂；1958年划归供销社领导，易名“塘栖供销社生活资料门社部”；1963年移交糖业烟酒公司，改称塘栖烟糖商店第二门市部；1973年1月迁到西石塘街摆渡口营业新房。几经融合重组，原先离开“汇昌”、自己创业的员工又回来了，“汇昌”的生产和经营，即它的“四作一坊”也分拆到了不同的企业，有的归了塘栖食品厂，有的归了塘栖烟糖商店。

从历史的角度看，公私合营既是“汇昌”困境中的新生之路，却也是它分崩离析的宿命。

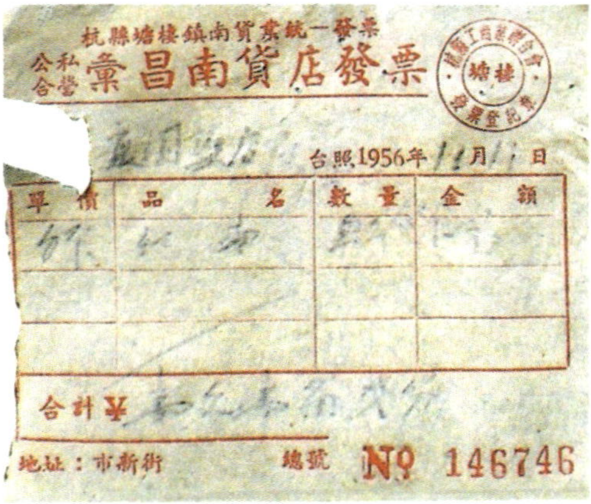

图 2-9　公私合营期间汇昌发票

3.新时代的公司发展

到了21世纪初，在经历了一系列的转产、创新、腾挪之后，曾经辉煌过的国有或集体工商企业，有许多渐渐走上了穷途末路，倒闭的倒闭，转制的转制。倒闭的彻底消失了，转制的又成了私（民）营工商企业，“汇昌”的出路似乎十分迷茫，但幸运的是，它遇到了一位懂得珍惜它的新主人。

似乎与“汇昌”并无瓜葛的虞铭，在国营烟糖公司解体之后，打算自己创业，于是经过两年多的精心准备，2003年，虞铭向国家商标局申请了“百年汇昌”商标，包括蜜饯、糕点等18大类食品，同时筹备成立杭州百年汇昌食品有限公司，全新的“汇昌”即将出现在我们眼前。对于名称，他解释道，“汇昌”之名是从古纸堆里找来的，因“汇昌”创始人的后裔50多年前就已经放弃了权利，而且“汇昌”的字号不使用已有半个世纪了。之所以名为“百年汇昌”，不仅仅因为有外地企业已经把“汇昌”商标注册在先，更在于加上“百年”二字，一个时间的概念凸显于老字号的名称之中，注定有非同一般的故事，既是继承，更是创新。

紧接着，2006年，“百年汇昌”商标被国家商标局批准，同年，虞铭的妻子叶水婷原来的工作单位解散，于是夫唱妇随，夫妻二人共同开始了传统老字号与现代零售业相结合的自主创业；2009年12月，杭州市人民政府认定“百年汇昌”为首批“杭州老字号”企业；2010年12月，浙江省人民政府认定“百年汇昌”为“浙江老字号”企业。我们看到，“汇昌”从公私合营走向公司制，使得“传承恢复闻新拓，老号街头又送香”。这样的转变让它重新获得了生命，有了一方生存发展的空间。

为了弘扬余杭传统商业文化，让珍贵的传统技艺得到有效传承，在余杭各级政府部门的大力支持下，“百年汇昌”一直在民间寻找老艺人、收集传统配方，几年来已恢复手工蜜饯的制作技艺。2010年，百年汇昌传承的蜜饯制作技艺被列入《杭州市非物质文化遗产项目名录》。2013年8月，余杭电视台播放二集专题片《百年汇昌和塘栖蜜饯》。

我们也试图从汇昌掌门人的工作日志中，去体会“汇昌”对文化的传播，以及一个企业家的社会责任感。

2018年2月9日，近百名外国学生来到百年汇昌糕模馆——杭州市市民体验点、余杭区非物质文化遗产传承基地，体验中国传统文化。汉基学校的学生都是在华专家工作人员的弟子，他们在百年汇昌做团子，晚上看春晚。

图2-10　外国学生在百年汇昌糕模馆

2018年春节期间，有近10万人参观了非遗展示基地——百年汇昌糕模馆，共接待了汉基国际学校、金榜旅行社、临平一小、临平三小、育才学校、杭州旅游集团、景岸文化等20多批团体，体验传统文化，宣传余杭非遗。

图2-11 汇昌掌门人和参观糕模馆的小朋友在一起

2018年3月9日，在浙江省老字号掌门人大会上，塘栖老字号成果斐然——百年汇昌虞铭和法根老板获“优秀掌门人”。

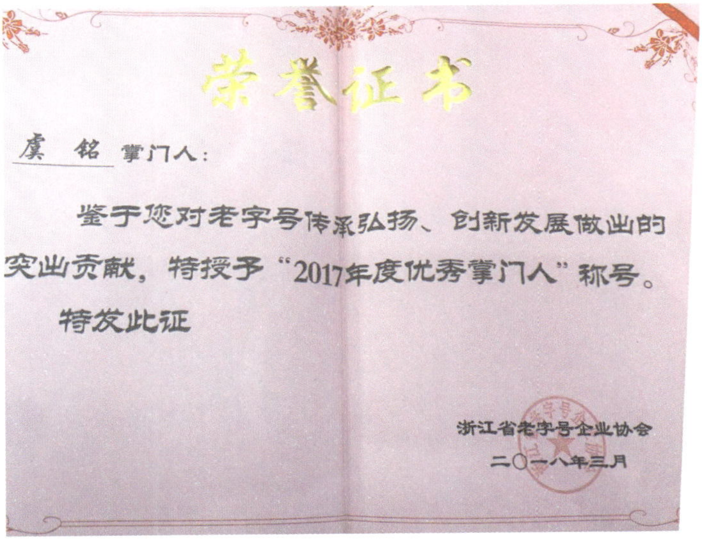
荣誉证书

虞 铭 掌门人：

鉴于您对老字号传承弘扬、创新发展做出的突出贡献，特授予“2017年度优秀掌门人”称号。

特发此证

浙江省老字号企业协会

二〇一八年三月

图2-12 “2017年度优秀掌门人”荣誉证书

图 2-13　著名学者参访百年汇昌

图 2-14　著名学者做客百年汇昌

图 2-15　虞掌门走进监狱传授技艺

图 2-16　《遇见》中荷艺术展开幕式

2018年4月15日，浙江图书馆徐晓军先生、陈谊博士、复旦大学吴格教授（图书馆古籍部主任、古典文献学博士生导师）做客百年汇昌。（见图2-13、图2-14）

2018年4月18日，省二监将非遗项目带进监狱，邀请虞掌门走进大墙，给特殊学员教授传统糕点技艺，希望他们在重返社会时，能有一技之长，可以养家糊口。（见图2-15）

2018年5月14日，杭州中小商贸企业服务平台签约仪式，百年汇昌代表中小企业发言，接受杭州电视台采访。

2018年5月25日，“《遇见》中荷艺术展开幕式”。在塘栖汇昌创办前的五年

图 2-17　百年汇昌参展

图 2-18　世界各地大学生体验活动合影

（1795），荷兰使团来到中国，从广州到杭州，沿大运河从塘栖广济桥下穿过，一路北上到京师。（见图2-16）

2018年6月9日，省级老字号、市级非遗保护单位“百年汇昌”参加2018年“文化和自然遗产日”浙江主场——大运河文化遗产主题展演，方糕与蜜饯是汇昌的保留项目。（见图2-17）

2018年6月26日，中新社记者组织世界各地的大学生，在百年汇昌“塘栖糕模馆”体验中国文化，虞掌门接受《上海日报》记者采访。（见图2-18）

2018年8月21日，《上海日报》（英文版）采访，报道“百年汇昌”糕模馆。（见图2-19）

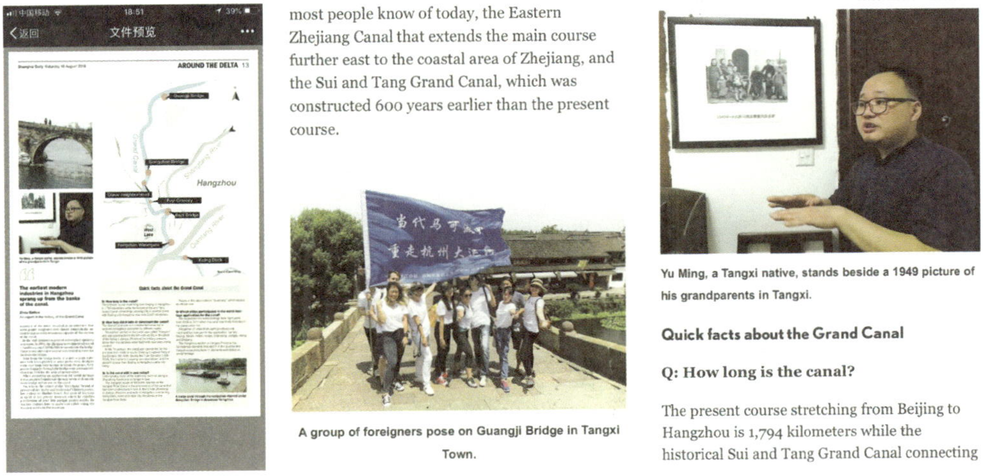

图 2-19　《上海日报》（英文版）采访，报道“百年汇昌糕模馆”

2018年9月5日，在调研大运河文化带保护开发会议上，虞铭提了三条建议：

1．规划考虑到后期的可行性，如何长期运作；

2．尊重当地特色，部分河段应保持现状；

3．充分考虑到文化软实力与不可移动文物的结合。

2018年9月13日，食品安全诚信企业验收组到塘栖百年汇昌店。（见图2-20）

2018年10月27日，西溪海幼儿园组织亲子活动，动手做糕点，体验传统文化。（见图2-21）

图2-20　食品安全诚信企业验收组到塘栖百年汇昌店

图2-21　西溪海幼儿园组织亲子活动

2018年12月12日，汇昌粽到杭州和平国际会展中心参展，一如既往，童叟无欺，维护老字号和塘栖的声誉。（见图2–22）

2018年12月14日，西湖之声电台主持人专访。（见图2–23）

2018年12月29日，寒风里，西湖边，杭州的非遗展示，百年汇昌的蜜饯制作技艺和食品进行展示。（见图2–24）

2019年1月11日，杭州电视台“走遍杭州”栏目来塘栖糕模馆拍摄专题片。（见图2–25）

图2–22　百年汇昌在杭州和平会展中心进行展示

图2–23　西湖之声电台主持人专访

图2–24　百年汇昌在杭州非遗展上进行展示

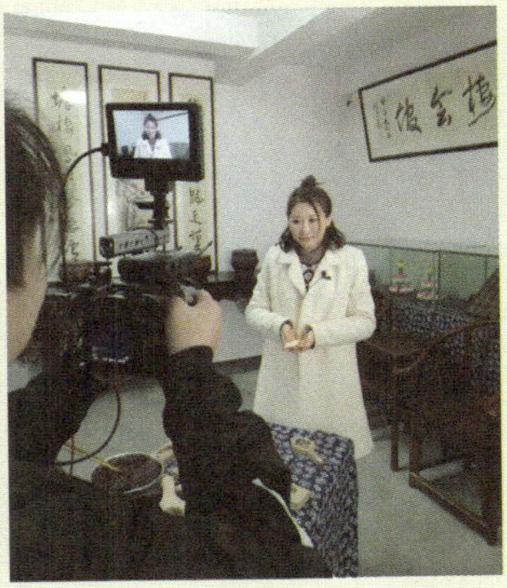
图2–25　塘栖糕模馆专题片拍摄

图 2-26　上海东方卫视在百年汇昌拍摄美食节目

图 2-27　“食品安全诚信单位”奖牌

图 2-28　“蜜饯”上余杭非遗展示年会

图 2-29　1818 黄金眼采访

2019年1月14日，上海东方卫视“都市频道”来百年汇昌拍摄美食节目。（见图2-26）

2019年1月18日，百年汇昌荣获余杭区“食品安全诚信单位”，虞掌门作为企业代表发言，表示要维护食品安全的红线，做好余杭的金名片。（见图2-27）

2019年1月19日，余杭非遗展示年会，汇昌粽、粢毛肉圆、汇昌茶糕、蜜饯上午就一扫而空。（见图2-28）

2019年1月21日，1818黄金眼采访在春节期间播出。（见图2-29）

“汇昌”从公私合营走向公司制，使得“传承恢复闻新拓，老号街头又送香”。这样的转变让它重新获得了生命，在现代社会有了一方生存之地。

（六）“百年汇昌”——历史通往未来

1.时代缩影绎传奇

塘栖曾与南浔、乌镇并称江南最繁华、最富庶的三个市镇，但在经历了战乱之后，塘栖也一度变得千疮百孔。

20世纪五六十年代，大家都还在使用粮票，粮食每人每月供应比较有限，还要凭每户的购粮证粗细粮搭配。每逢有户口迁入迁出的时候，必须办理粮油关系的票证，特别是当要到外地出差的时候，还必须记得到居住地的地方粮票换成“全国粮票”，否则，你到了出差地就没有“饭”吃。

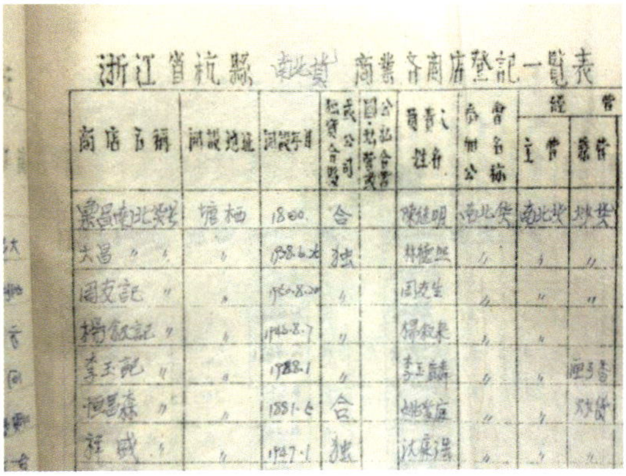

浙江省杭縣 南北貨 商業各商店登記一覽表

商店名稱	開設地址	開設年月	獨資合夥或公司	公私合營國營	負責人姓名	參加公會名稱	經營 主營	兼營
[illegible]南北貨號	塘栖	1800	合		[illegible]	南北貨	南北貨	炒貨
大昌 〃	〃	[illegible]	独		[illegible]	〃	〃	〃
[illegible] 〃	〃	[illegible]	〃		[illegible]	〃	〃	〃
[illegible] 〃	〃	[illegible]	〃		[illegible]	〃	〃	
[illegible] 〃	〃	[illegible]	〃		[illegible]	〃	〃	[illegible]
[illegible] 〃	〃	1881.6	合		[illegible]	〃	〃	炒貨
[illegible] 〃	〃	1947.1	独		[illegible]	〃	〃	〃

图 2–30　杭县南北货登记表（余杭档案馆藏）

而追溯到改革开放历史转折的年代，国企大锅饭模式纷纷倒闭，数万工人下岗。在这个动荡的年代里，人人都在自谋生路，在这样的大背景下，塘栖的个体经济模式被激活了，大家踊跃创业。改革开放40年，一群不服输的“追风少年们”在时代的大潮中踩准了节奏，凭借自己的胆识和智慧实现人生的梦想，并赢得了所有人的尊重。回顾他们的经历，不禁让人感叹：每一次历史机遇浪潮涌动之时，他们都是抓住时代契机的幸运儿，“百年汇昌”无疑是跑在最前面的一个。

2.文化商贸相融合

“百年汇昌”老板虞铭出身塘栖商业世家——明清以来塘栖主要有徽州、宁波、绍兴、杭州四大商帮。宁波商圈主要从事中药、食品、水产等行业。而虞氏就是来自宁波商圈——虞铭曾祖于清末民初，在塘栖镇几家大的百年老字号担任过管理者；祖父与人合伙创办老字号——“同春堂”国药号，公私合营时并入国营商业；父亲长期担任余杭县（市）食品公司总经理至退休。虞铭参加工作后，进入余杭市百货总公司，由普通员工到商场副经理、团支部书记，直至2000年企业转制。拥有国有商业企业10多年工作经验的虞铭，在刚过而立之年不久，便开始了自主创业的历程。

虞铭的创业一直在思考和探索中前进。也许，比起其他人，他的思考和探索，更多了一些文化的因素。虞铭看到了这样一个现状：余杭的传统食品如超山蜜饯、三家村藕粉、塘栖糕点等，虽然产量很大，但却缺乏品牌操作，大多为他人作嫁衣裳，有的贴上外地的品牌，又返销到余杭来；而另一方面，曾经辉煌数百年的余杭老字号企业却随着岁月变迁，已是凤毛麟角。于是虞铭考虑，要发展一种以自有品牌、自营门店零售为主，吸收连锁加盟为辅的商业模式，面向杭州一带的普通居民，销售以余杭产品为主的休闲类食品，如超山蜜饯、传统糕点等。同时恢复余杭传统商业老字号，让珍贵的传统技艺和经营理念得到有效的传承。

图 2-31　“百年汇昌”掌门人虞铭

虞铭是商人，也是一位学者。出身于商业世家的他喜史好书，好读书，富收藏，能诗词，丰著述。特别钟情于老字号与商业史的研究，他在中学时就对余杭，尤其是江南名镇——塘栖的历史文化以及沿革变迁，产生了浓厚的兴趣，并开始收集资料进行研究；他收藏地方典籍颇丰，自题藏书室曰“曲营精舍”。经商之余做学问，虞铭渐渐地成了研究地方史的专家。他是余杭史志学会的副理事长，参与编修《余杭通志》等多种新编地方志，撰写过《塘栖艺文志》《超山志》《余杭商贸老字号》，《塘栖蜜饯》一书也在2017年春天出版，曾获首届“杭州十大藏书家”、第二届“余杭十大杰出青年提名奖”等荣誉，并长期担任余杭政协、史志办等部门的专家顾问。在他的《塘栖艺文志》中，有一篇“塘栖梦寻”的跋文，写得尤其声情并茂，让人边读边生感触，就算自认为不那么能够被感动的麻木之人，读后也不由得会感动起来。

“我非鸟非兽，我是蝙蝠。”这是虞铭对自己的评价。1970年，虞铭出生于塘栖一个商业世家，15岁时徙家住到临平，他好读书，富收藏，能诗词，丰著述。如今，他是浙江省诗词楹联协会的会员、余杭史志学会的副理事长，参与编写《余杭通志》《余杭历史文化研究丛书》等多种新编史志。

然而，虞铭做学问，大多是在夜深人静，别人酣睡或搓麻将的时候。在他的骨子里，商业和学术从来都是水乳交融，不分彼此。

针对百年老字号，虞铭有自己的理解和坚持。他认为，老字号的继承需要包括经营特色和经营理念这两个方面。他还专门走访了非物质文化遗产的有关手工技艺传承人，出入街巷里弄寻找包括“汇昌”在内的糕饼蜜饯加工老手艺人，用笔记、录音的方式记下老底子里的传统工艺，并整理成册，寄商业追求于文化趣味中。

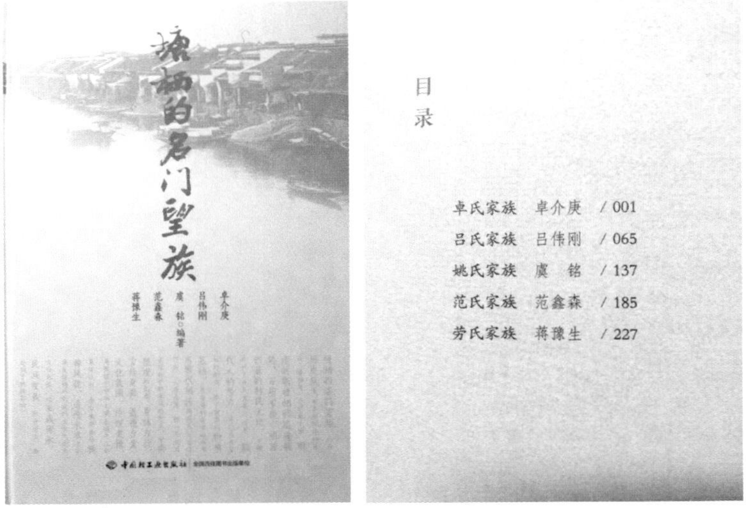

图 2–32　“百年汇昌”掌门人虞铭先生参与编撰的《塘栖的名门望族》

近期，虞铭与塘栖的几位前辈合著的《塘栖的名门望族》出版，虞铭分撰《姚氏家族》一章。虞铭与史志研究的渊源，是在古镇塘栖，伴着他青涩年华开始的。他在塘栖二中就学时，校园里有一处石碣，题为《栖溪讲舍碑记》，虞铭对此一下子就感兴趣起来。据说他是校园中第一个搞懂此碣文的学生，当时连他的语文教师都不曾留意此碑说些什么。后来他又从阅读的方志中，知悉学校操场边的荷花池原是范氏旧圃“一曲水”的遗址，而教室后的老房子原是“清末海派四杰”之一的蒲华成名前的住处，虽然这些是后来的事了，但可以肯定地说,《栖溪讲舍碑记》与虞铭后来搞史志研究，显然是非常有因果的。

他作为一个商人，以他的才华其实完全可以一门心思投入到老商号“百年汇昌”的扩展与发展之中。虽然“百年汇昌”在他的经营下，已开起连锁店多家，甚至在北京的一次“浙江名品中心”展销时，获得来此参观的省委领导的嘉誉，还仔细询问了余杭“枇杷花茶”的销售情况，但是虞铭却没有选择做一个纯粹的商人，他说:“我创办‘百年汇昌’，骨子里是为了守望，守望塘栖古镇，守望老字号。因为以蜜饯、糕点、茶食、炒货这样的传统手工食品销售，我深知自己永远做不到500强，但也许‘汇昌’能做上500年。”

虞铭说："西溪，是中国读书人的精神家园，江南的桃花源，中土的香巴拉。"于是有了下面这样的歌咏西溪的诗词：

迈陂塘·西溪

雾蒙蒙，恍然如梦。烟云烟水深处。一舟破镜惊宿鸟，曲水断桥无主。芦花雨，蒹葭里，白云尽处无人去。栖鸥不语。任雪满天山，浮生重现，忘了来时路。

回头看，京洛霓虹日暮。风尘缁衣谁睹？十年相执南柯梦，三千痴男痴女。论今古。谁料得，少年儒冠此身苦。平生总误。纵落魄春衫，铁券换酒，认作雷塘土。

图 2-33　西溪湿地

曹丕曰："年寿有时而尽，荣乐止乎其身，二者必至之常期，未若文章之无穷。"如果用此种视角审视虞铭，那么曹丕的这种彻底的顿悟，时至今人视之，仍显其可贵。

3. 蜜饯糖色之振兴

新中国成立以后，塘栖梅胚等梅制品一直出口日本、新加坡、马来西亚等国和港澳地区，是浙江传统出口农产品中换汇价值较高的果品之一。至塘栖解放，塘栖水北街的聚源昌、黄裕顺等经营蜜饯的老商号相继歇业，其他商号经营也相当困难，如"汇昌"从原有员工130多人，锐减到70多人。到1956年时，只剩下47个员工，面临倒闭，杭县人民政府研究后认为，"汇昌"是一个150多年的老字号，

“汇昌不能倒”，于是采取员工自愿分出、自谋出路的方法，使“汇昌”留下23人。此后，周友记、乾泰昌、华丰、协丰、恒丰等梅干号陆续开设。1957年，超山青梅种植面积500多亩，总产量有671万斤，但由于多种原因，到1983年，总产量仅18万斤左右。1985年以后，原南山作为青梅最好的种植基地，由于附近钢厂、化工厂的工业污染致使梅树大面积死亡。除了原料减产的原因以外，由于“糖水青梅”等糖色采用纯手工生产，生产技术难度大、周期长，年轻人多不愿学，后继乏人。在机械化大生产的冲击下，制作糖色的纯手工技艺几近濒危，逐渐淡出人们的视野。

图2-34　汇昌蜜饯

随着经济全球化、现代化、市场化进程的加快，自20世纪90年代开始，塘栖蜜饯生产环境日趋严峻，困境日益显现，一个显而易见的事实是，40岁以下掌握蜜饯制作技艺的人已经相当少。出现这种现象的主要原因为果梅种植面积锐减，市场销路不稳定，再加上工艺的繁难，导致这一依靠口授和行为传承的蜜饯制作技艺传承乏人，传统蜜饯制作技艺日趋濒危。现在余杭不论官方还是民间都开始重新认识蜜饯制作技艺的价值，并为此不懈地开展保护工作，汇昌也为此做出了不懈的努力。

塘栖多花果，一年四季都有不同品种的鲜果上市，由于鲜果本身不宜久置，且水路运输速度缓慢，外销受限。明代中期，塘栖人吕需（1514—1593）将蜜饯的制作工艺带入古镇：将鲜果制成蜜饯，保质期大大加长；往蜜饯中加入一些具有润喉养肺、调理肠胃等功效的疗方，食用价值更是提高不少，时人称作“糖色”。

因当时塘栖已成为京杭大运河上著名的水陆码头和江南重镇，“舟航上下，日有百千”，每年清明节前后，苏州、嘉兴、湖州等大批前往杭州超山进香的香客都会在塘栖住上一晚，逐渐形成了热闹的“香市”“夜市”；再加上塘栖镇南的超山号称“十里梅海”，糖色很快就发展了起来，到明末清初时，塘栖糖色已是“风靡两京”的时令小食，借助京杭大运河外运，远销苏州、上海、南京等地，直至京城，而“汇昌”便是其中的翘楚。清代北京的潘荣陛《帝京岁时纪胜》就有记载“香圆、佛手、蜜饯，塘栖荐新时品”。

塘栖糖色素负盛名，“其名厥夥，不能枚述”，清初张之鼐撰辑的《栖里景物略》记载，当时的糖色主要分两大类：糖制、蜜浸。糖制的有大香片、雪梨片、橘饼、姜片、橙钱、黄橙丝、姜丝、细酸、蜜罗片、佛手片、橘红；蜜浸的有金橘、刀豆、青梅等。近代流传下来的糖色食品有糖水青梅、糖水枇杷、话梅、金橘、杏脯等几十味，而“糖水青梅”被誉为糖色之首，据周密《武林旧事》卷六，南宋时蜜煎（蜜饯）就有糖脆梅，这是关于糖水青梅最早的记载，在《随园食单》《陶庵梦忆》《顺天府志》及《杭州府志》中亦都有记载。近代余杭地区在招待上等客人时，流传着所谓“八大菜二十碟”中四色糖色中就有“糖水青梅”这道冷菜。

“汇昌”蜜饯的制作工艺特殊，制作蜜饯的工具也是自制专用的。生产出来的“糖水枇杷”要经手工剥皮、去核、留柄，果肉又不能碎糊；“糖水青梅”要保持肉不返黄，糖水清澈；“糖水樱桃”也要经手工去核等工艺难度极大的制作方法而成。

民国时，在“十里梅海”的超山周围，屯里村、跌马桥等地设有多处蜜饯初加工场，为上海冠生园及南北货站加工蜜饯初制品；20世纪30年代塘栖腌梅作坊多达20多家，所产糖水青梅及梅干成烧香客必购之物；抗日战争后一度凋敝，新中国成立后逐步恢复生产，塘栖梅胚等梅制品一直出口日本、新西兰等国；1971年，超山林场首办蜜饯厂，加工青梅、杨梅、李子等半成品提供给上海食品厂家；改革开放后，超山果农利用超山青梅优势，大力发展蜜饯业，生产企业达130多家，成为全国最大的蜜饯生产基地之一，于2005年注册了“超山蜜饯”商标；1992年，杭州梅园食品有限公司生产的话梅、桃干、青梅、奶油桃片达20多种产品，获浙江省食品博览会银奖；1999年，超山青梅加工而成的代表品种“话梅”获“中国国际农业博览会品牌产品”称号；2011年，蜜饯制作技艺被列入《杭州市非物质文化遗产代表性项目名录》。

4.汇昌粽自成风格

一只“汇昌肉粽”重六两，有一两五花肉，“采用新鲜猪肉，每天凌晨2点的时候还是头活猪呢。”掌门人虞铭说道，不用高压锅，用老汤铁锅煮，只因花时间煮出来的粽子才足够好吃；只卖5元钱，八年如一日，2014年评上了“杭州名点”，为塘栖老字号长了脸，比起赚钱，更多的是赚了吆喝。

图2-35　百年汇昌老板娘在包粽子

在我们采访“百年汇昌”

总店时，一位阿姨正靠着门一侧熟练地包着粽子。她的粽子与我们平常所见的粽子略有不同，呈长条尖角状，叫塘栖尖角粽。此种粽子是在乔迁、嫁娶、祭拜祖先等重大事件时来用的。汇昌的总经理虞铭说，他们家的粽子在制作方式上与其他并无区别，主要在于当其他商家为利润而压低成本选择低价原料时，他们仍旧精益求精，严格掌控原料，选择小颗且嫩的糯米、上好绍兴酒腌制的五花肉、泛清香的青箬叶，还有民间师傅纯手工制作，阿姨就是个包粽子的好手，已经包了几十年的粽子了。

作为“塘栖五大名小吃”之一，汇昌粽在外形上，不同于嘉兴粽和湖州粽，分为斧头粽、枕头粽、尖角粽和猪脚粽等多种；在制作工艺上，汇昌粽以五花肉、绍兴酒、土糯米、青竹叶为原材料；在蒸煮过程中，又强调“千滚不如一闷”，100只粽子放入加有老汤的铁锅中耐心煮，食来口感鲜美，令人回味无穷，收到了不少称赞。

陈国明有《食塘栖汇昌粽忆及当年上山摘粽叶包粽子有作》三首：“高高山上冷泉飞，幺妹随娘采粽衣。三十三峰连竹海，哪株竹子叶儿肥？”“宽宽竹叶竹身低，采箬归来日已西。此叶倘非亲手摘，总当有竹与天齐。”“先包瘦粽后包肥，送到郎家手扣扉。休说郎君耕读苦，状元也曾着青衣。”沈刚在《闻汇昌粽上榜“杭州名点名小吃”，并贺虞掌门寿》写道：“宁可食无肉，不可居无竹。无肉亦无竹，此生何郁郁。有肉兼有竹，此之谓福禄。竹亦为之皮，肉亦为之腹。粽香为之魄，塘栖为之族。如鸿渐于陆，如文镌于牍。百年存一味，留取汇昌馥。”陈国明《食汇昌粽》诗：“斯文满口老冬烘，一世青衫不道穷。解得人间真味道，米家书画汇昌粽。”

5.塘栖人回忆中的老味道

编委组中有成员曾在塘栖镇完成了小学和初中的学业，因此采访到一些老同学，了解到塘栖本地人对百年汇昌这一系列老字号的回忆。

据老一辈的塘栖居民回忆，最传统的塘栖老味道，要数水北街上的汇昌、朱一堂和法根。他们说，如今超市热卖的粽子、糕点和蜜饯，尽管用料，配、制法都一样，但用现代工厂加工制作出来，相比老字号纯手工制作，在口味上的区别还是蛮大的。所以时至今日，他们还是更愿意选择在闲时一路散步，慢悠悠地走到水北老街上买汇昌这样的老字号。

不少受采访者感叹，用高压锅煮的粽子和用机器做出来的土蛋糕，“味道就是没有老底子大锅煮的粽子和模子刻的蛋糕好吃”。

“百年汇昌”是老味道手工粽的坚守者之一，塘栖粽的别名“汇昌粽”就是得名于“百年汇昌”的招牌。当地人说，他们最大的卖点就是自己的手艺，没有一个粽子来自规模化生产的流水线。其中以包有一两五花肉馅的枕头粽最受欢迎。除了五花肉，塘栖粽的原材料还包括绍兴酒、土糯米、青竹叶，全部取材自浙江当地。塘栖粽蒸煮上也有独特手法，要求时间特别长，强调“千滚不如一闷”，这也算是老塘栖人的一种情怀吧。

在这个追求效率的时代，这样“慢”的生活节奏少之又少，更何况是在经济高速发展的杭州。在这喧闹的都市中，还有这么一群人守护着传统，守护着那百年前的生活节奏。

图 2-36　塘栖水北街

第三章

蜜意流存与溪长

（一）“百年”——历史是永存的资本

1.改造包装穿“旧”衣

20世纪四五十年代的“百年汇昌”卖东西还是多习惯散装，取一糙纸或是陈年没用了的老账本——用墨笔竖着勾画过的黄元书纸或是过时了的《申报》报纸，铺上秤盘，食品过秤后，几下卷成一个紧紧的包，面上覆一红纸，看外形，很像当时老奶奶们裹的小脚。渐渐地，随着时代的发展，新潮新款的各色食品包装琳琅满目，例如尼龙袋装、复合包装、真空包装、铁盒装等等。20世纪30年代，“汇昌”开始使用玻璃瓶包装蜜饯。

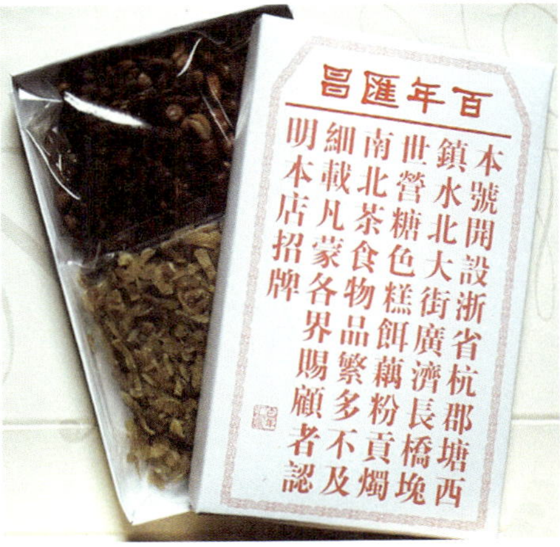

图 3-1　汇昌商品包装

随着人们生活水平的提高，消费者对商品的需求已经从本来的温饱上升到精神层面上的追求。“百年汇昌”作为一个历史悠久的中华老字号品牌，若想在竞争中取胜，则必须要用奇招将“百年汇昌”的文化特质等抽象语意转换为统一的视觉符号，来加强品牌的易识别性和记忆点，使人们对企业文化印象良好并产生信任感。通过全新的包装设计，不仅可以提升百年老字号商品的品牌形象，也可以将其定位为地方特色旅游纪念品，或是中国传统佳节互赠亲友的礼品，赋予其特殊意义。

“百年汇昌”的包装可以更加复古化一点，不必追随时代的大潮流。我们可以采用老包装，再添加些许的创新元素。例如在包装的纸上，可以绘制一些“百年汇昌”发展史：旧时生意繁荣的景象，战乱时遭受的经历，蜜饯的制作流程等等；包装的正面，另附写有“百年汇昌”的黄纸，并且通过在上面书写购买之物，来体现每一份的独特之处；捆绑的绳子可以使用较粗的红线，红红火火，有美好如意的寓意。复古的包装，既唤醒了老一代的童年回忆，又符合年轻一代对文化印记的喜爱及追求个性化的需求。

“传统”一词蕴含着鲜明的民族性和地域性，但伴随着经济全球化的发展，商品的销售范围不应只局限于塘栖而是应该“走出去”。“百年汇昌”可以顺应当今流行的网络销售模式，如在网上开一家旗舰店，售卖保质期较长的糕点或者蜜饯，详细介绍历史渊源，认真述说每份产品的制作过程和功效，使更多的人了解这家百年老字号，不仅延续了传统，也推动了“百年汇昌”的发展和壮大。

2.铸新“保”旧迎口味

每一种食物的背后都有其特定的时代背景，为了顺应时代的发展，我们在选择保持传统的同时，也需要考虑社会背景、社会地位、消费人群等因素并且提出相应的对策。

“百年汇昌”在过去是以蜜饯出名，青梅、樱脯、糖佛手、甜青果、蜜香元等等，尤其出名的是“蜜浸青梅”，百斤梅子百斤糖的腌制比例让人赞不绝口；如今的汇昌粽，分量十足，味道鲜美，受到许多人的追捧。但随着健康疾病的年轻化，人们对健康问题越来越重视，大家都在寻求更加合理的饮食。对此，“百年汇昌”可以做出相应的调整，在蜜饯制作技艺上，不能一味保守，而应敞开胸襟，依靠先进的科学技术，进行研究试验，腌制出不同糖量比例的蜜浸青梅，并且研发出更多新奇口味的蜜饯，以迎合不同需求的消费者；汇昌粽中猪肉肥瘦比例可以有适当的改变，粽子的大小可以调整为两档，并且根据重量的差异，以不同的价格出售，以满足更多人的口味。

（二）“汇昌”——“精制”是兴盛之道

1.抓准主要方向

想使老字号企业长期稳定发展下去，明确“百年汇昌”在未来的发展方向是极其重要的。首先要将老本行继续做下去，坚持蜜饯技术的传承以及汇昌粽的发展与创新，让人们随时都能尝到魂牵梦萦的味道。其二是让消费者通过亲手制作来融进传统文化的氛围，就如现在的“百年汇昌”塘栖糕模馆，通过动手感受传统糕点的温度。各式各样的糕点模具，有它自己的历史及图案的涵义，每一块糕模都代表了一种文化，它们是劳动人民智慧的产物；糯米加水揉团，掺上植物汁液染上鲜亮诱人的色泽，放入手工打造的木头模具，模具里各式各样的图案栩栩如生，有猴子、麒麟、双鱼、蝴蝶等等；反扣模子轻轻一敲，拿出成型的精美点心，放入蒸笼蒸煮片刻；一开盖，糯香四溢，轻轻一咬，甜蜜的味道瞬间化入口腔，漫上心头。在未来，我们可以开展更多不同种类的体验活动，并且尝试传统糕点走进校园、企业等，让不同人群在体验中促进感情，感受老字号的魅力。

塘栖水北街附近有幢二层木质结构的房子，周边有几棵树木耸立，房子就在绿荫深处，显得尤其幽静。房子正面有一块牌匾，“百年汇昌”四个字，抬头可见。房子里面，陈列着形状不一，图案丰富的糕模，品种广泛，种类齐全。

图 3-2　百年汇昌牌匾

“糕模”最早起源于“关关雎鸠”的诗经时代，情感舒放的年代，影响到了民间匠人，于是他们也在糕模制作时，刻上一些简单的花草纹，开始赋予自己的情感。到了唐宋时期，过节的名目添多，婚嫁的程序繁琐，庆生、祝寿、白喜，甚至连上梁、乔迁等等，亲情、爱情及其他各种喜庆都搞得有声有色，极其庄重，于是各种各样表现不同情感的点心被制作出来。

尤其到了南宋，因为皇都的南迁，糕点制作达到极盛。《武林旧志》市食里，介绍到糕，就列出了糠糕、豆糕、糍糕、重阳糕等，多达19种。如此多样性的糕点，对食品的美观性的要求，也跟着提升起来。

市场需求的迫切性，促使糕模匠人在技术创新方面展开了激烈的竞争，有民间糕模匠人在传统反刻的基础上，吸收剪纸技艺的特点，发展为一种阴雕刀法，这种阴雕浅刻的刀法，雕镂或粗犷或细腻，或曲或直，使糕模匠们的情感通过繁复或简约的纹式淋漓尽致地表现出来。这显然是糕模制作技术上的一次重大突破，也是情感表现上需求多样性的极大进步。这种刀法一直沿用到现在，至今仍是糕模制作的主流刀法。

我们再来看塘栖糕模馆陈列着的糕模，从木质上，有紫檀、楠木、核桃木、花梨木等，材质取样不一；器形上，或圆或方，也有图案形，大小、形状各异；花式从一眼糕模到五眼以上；糕模题材表现上有动植物、器物、文字、图文结合等等。

先来说这个花式，“眼”指孔雀翎上的眼状圆，一个圆圈就是用一个眼来表示，清朝就是用这个“眼”来显示尊贵的程度，从最低的一眼花翎，到太子才可以享戴的五眼花翎，而糕模的眼是指同时在糕模板上印出来的糕的数量。

再来讲一讲图案题材，每一种图案都有象征意义，比如同样是鲤鱼题材的，有表达科举进士的鱼跃龙门，也有表现生活富足、年年富裕的年年有余；比如蝴蝶，表达春光明媚，意味着婚姻美满、幸福；还比如寿桃，寄予长命百岁。其他还有聚宝盆，代表财源广进，牛代表强壮，仙鹤代表福如东海，等等。

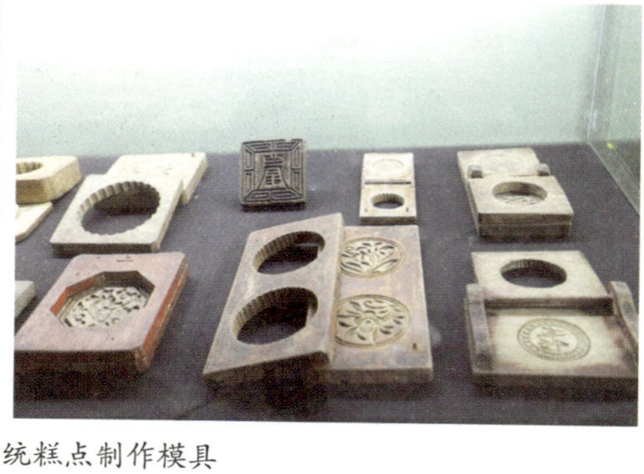

图3-3　汇昌传统糕点制作模具

我们参观模具馆时，从模具里可以看出许多东西，模具里蕴含着不同地域的不同人文风俗。以山东为代表的北方模具形状比较大气，体现了北方人大气豪爽的性格，糕点方面也喜欢大些的。而江南地区的模具就小巧精致的多，精美各异的造型吸人眼球。从模具上还可以看出百姓生活在贫富差距上的不同，虞掌门介绍时说到，在江南的乡下地区小孩子第一次去外婆家时，外婆会做一种叫做“三角粽”的糕点给孩子，这种“三角粽”在制作上比较简单易上手，模具工艺也比较粗糙。而大户人家办喜事时，做糕点所用的模具制作工艺精湛，花纹雕刻细腻。

图 3-4　汇昌传统糕点制作模具 2

可惜到了今天，糕模作为传统工艺的一种，也与其他工艺一样，在机械化生产后，逐渐没落了。百年汇昌的老板虞铭介绍起这些他费尽心思，花了几十年才得以收藏的糕模时，很是兴奋，确实，每一块糕模，都深藏着匠人的心思，每一块糕模，都承载着人们的情感，从表面上看，虞铭是不愿看到这类传统工艺品从此流失，从深处想，它何尝不是我们对生活的美好向往，寄予世人的一份良好祝愿呢。我们觉得这些模具不应该只放在馆中陈列起来，更应该好好发挥它们的价值。这些老的模型具有收藏价值不能再用，但可以制作它们的复制品，让游客们体验制作这些糕点之后，如果感兴趣可以带一套模具回家自己制作。现在有许多手工制作爱好者，如果将这些模型批量生产投入市场定会引起许多烘焙爱好者的兴趣。

2.确保材料新鲜

确保食材新鲜，对于与人们饮食健康直接挂钩的食品业来说，可谓是头等大事，需要严控把关。

对于“百年汇昌”这家百年老店来讲，坚持食材的新鲜是他们每天的必修课。汇昌粽中所需的猪肉是每天新鲜采用的；粽子是每天现包的，当你走进百年汇昌的门店，便能看见一位中年阿姨面前有几只大盆：洗净的糯米、大块泡在酱油里的猪肉，阿姨熟练地包着料足个大的粽子。

对于蜜饯来说，材料的新鲜也是口感好的重要因素，原料丰富新鲜且品质高，这无疑对百年汇昌制作出美味的果脯蜜饯有着极大的帮助和优势。

蜜饯业发展迅速，但同时也出现品质参差不齐、卫生情况令人担忧等问题。在2012年的4月24日，中央电视台实名曝光了超山蜜饯的卫生安全问题。随后国家质检总局、省市县食品安全监部门到超山封样抽检爆出了添加剂问题、加工环境问题、食品安全标准问题等等。停业整顿，商家退货，如日中天的超山蜜饯业受到重击。

为防止蜜饯在晒制过程中接触细菌，在制作蜜饯时可以学习质检部门的做法：与高校和科研院所合作，率先从美国引进液相色谱仪，并采用真空渗糖罐对水果进行腌制，不仅制作过程从20天缩到了几个小时，提高了生产效率，又避免了接触细菌和使用防腐剂；进出晒场有洗手更衣消毒措施，腌渍清洗车间全部瓷砖贴壁，使其整洁清爽。

3.坚持工匠精神

老字号几百年做一件事，长期重复不断地做一件事，做到极致，并且每一位工匠都十分享受这个过程，那这就是合格的工匠精神。老字号最不缺的就是工匠精神，而最应该恪守的也是工匠精神，老字号是历史的见证者，只有坚守工匠精神，老字号的招牌才会经得起历史的考验。

图 3-5　百年汇昌糕点

在过去，“百年汇昌”所有上柜的商品都要在“一坊”经过严格挑选分级，比如，花生是没有单节的，必须是两节以上；他们坚持出售最好的“蜜浸青梅”，确保选用优质的青梅和糖，坚持以百斤梅子百斤糖的比例腌制。

而现在，由于“糖水青梅”等糖色采用纯手工生产，生产技术难度大、周期长，并且在机械化大生产的冲击下，制作糖色的纯手工技艺几乎濒危。对此我们需要意识到塘栖传统蜜饯制作技艺迄今已有500多年的历史，具有独特的地方特色，如“糖色”是塘栖传统宴会、婚庆仪式中不可或缺的食物；塘栖蜜饯制作工艺主要依靠家族传承和师徒传授，制作过程中许多工艺很难被机械所取代：制作蜜饯的研制过程靠长期积累经验，在扎孔阶段，从青梅的顶端到果核之间的果肉部分扎上8到10次孔，拿起来看，肉眼看不出扎孔的痕迹，且青梅仍然保留了饱满的外观，为了能让白砂糖均匀地渗透到青梅中，一般为一天或间隔几天撒一次白砂糖，整个过程维持1个月左右，却需要10年以上的经验才能熟练掌控；使用铜钱为青梅保持色泽是古老秘方，一串铜钱(大概是十枚左右)放入已经腌制了一个月的青梅中(放置两到三天)，这样腌制出来的青梅保持肉不返黄，汤水清澈。

传统蜜饯和现在市面上所卖的蜜饯最大的区别便是用料和配方。不断挖掘“百年汇昌”蜜饯品种和制作工艺，寻找相关技艺传承人，坚持古方是老字号必须做出的选择，由老师傅把关，传承品质才会有保障。除此之外，“百年汇昌”要保持一颗平静的平常心，不能为了急于追求成效而忘记了工匠精神的内涵。

（三）“百年汇昌”——吆喝最初老味道

1.打造人们记忆中的甜蜜

在如今，风靡一时的美食可谓是数不胜数，就如当时风靡全国的老婆饼、栗子酥等，但它们也只是昙花一现，很快就被人们淡忘。想要人们记住，需要有良好口碑以及不变的味道。

正如“百年汇昌”掌门人虞铭认为，老字号的继承包括“经营特色”和“经营理念”这两个方面。随之，他以塘栖为主，积极在周边地区物色蜜饯糕点代加工厂商，以较小的成本开始尝试“品牌运营”之路；他专门走访了非物质文化遗产的有关手工技艺传承人，出入街巷里弄寻找包括“汇昌”在内的糕饼蜜饯加工老手艺人，用笔记、录音的方式记下老底子里的传统生产加工方法和工艺，将这些宝贵的非物质文化遗产传承下去。在此基础上，虞铭整理了余杭传统食品制作工艺的成果，撰写了《塘栖蜜饯》一书，并受余杭政府委托，编撰《余杭非物质文化遗产丛书——传统技艺》。

图3-6　《塘栖蜜饯》（虞铭著）

最初，他们夫妻俩跑市场，看产品，学习别人的营销手段。通过市场调查，发现普通市民对传统食品有相当大的感情和需求，但市场上的企业追求利润，很少愿意涉及，于是，他们决定首先进入这部分细分市场。

2008年起，“百年汇昌”专卖店陆续在临平、德清等地开设，目前已有临平九曲营店、广和店、星光店、庙东、德清武康店5家。他们计划将“百年汇昌”打造成一个较有影响力的区域性休闲食品品牌。

“汇昌糕点得亲尝，五十年来梦尚香”，在人们心中一定有老底子味道的位置存在，童年的甜蜜、历史的回忆往往是在不断追寻的东西……

2.坚持老店“诚信”二字

“真者，精诚之至也，不精不诚，不能动人。”(《庄子·渔父》)“百年汇昌”历经岁月风尘却依旧生机盎然，其功惟在“诚信”二字。

在过去，“百年汇昌”因货真价实而胜人一筹，所售之产品，在各产区有其收购点(委托当地行商代购)，不仅货源正统，而且质量保证，规定一斤红枣58颗，一斤大三元(桂圆)104颗，一斤四元128颗，大小均匀，从不缺斤少两。

在这里，我们可以讲一个小故事：2009年，随着运河申遗的开展，塘栖镇邀请百年汇昌与一些商家入驻水北街。许多商家只待了七天，因为黄金周结束后，水北街就没有人了。但是“百年汇昌”却留了下来。人家看到了，窃窃私语：“这个老板不会做生意。”到了夏天，水北街上没有一个人，只听见“杨师太”在叫。其他商家都关门了，“百年汇昌”仍然开着，人家看到了，说：“这个老板不会做生意。”后来，水北街上的游人渐渐多起来了，店也越开越多了。有的商家，开始见人喊价，开口是塘栖话，卖得便宜点；开口普通话，就卖贵点。但是“百年汇昌”却至始至终只有一个价，不管你是谁。人家看到了，还在说：“这个老板不会做生意。”到第四个黄金周的时候，虞铭叫朋友帮他做了一块金匾，作为我们的店规，上面刻了九个大字：“不二价、不吹牛、不欺客。”

就如塘栖水北街的百年汇昌店堂里挂着的那一块金色的牌匾上面刻着的九个大字“不二价、不吹牛、不欺客”所表达的决心，如今“百年汇昌”里的每个粽子里的肉都是一两重，用店里的土灶煮，一锅放100个，煮三四个小时后，肉的香味和绍兴酒、土糯米、竹叶的香味融在一起，令人垂涎三尺，这家百年老店坚持绝对不用高压锅，始终坚持5元一个。

百年老店最重要的就是“诚信”二字，他们用真心对待祖宗们流传下来的味道，让老百姓始终如一地吃到传统的滋味，让它们因“诚信”而能在更多的人嘴中流连。

第四章

百年浮沉路遥长

（一）“百年”——历史发展之悠长

纵观中华历史，与百年汇昌同一时期兴盛的有过不少性质类似的企业，其中不乏很多以蜜饯为特色的老字号品牌。然而，无数品牌在历史洪流中崛起，也有无数品牌在这过程中衰弱消逝，最后沉淀下来的便成为最具历史价值的金字招牌，中华文明创造力的结晶。

1.一段美好的历史符号

中国商品有品牌的历史并不短暂，据学术界认可的资料记载，最早可以追溯到宋代的“白兔”针品牌。明清以后，随着市场的资本主义萌芽，一批批商品品牌诞生，几乎遍及各个商品门类和商品领域。经过历史的积淀，有三四百年历史的“同仁堂”“雷允上”药号，“周虎臣”毛笔，“曹素功”墨锭等等都仍是当代人耳熟能详的知名老字号品牌。

中华老字号具有鲜明的中华民族传统文化背景，在生成、发展和维系过程中展示了中华民族的文化创造力，成为最具历史价值的金字招牌。

图 4-1　江南水乡博物馆再现的江昌栈场景

老字号是一个辉煌的称谓。它的开创和发展，蕴含了几代人的艰辛和努力，积淀着深厚的文化底蕴，散发着活生生的历史信息，为中华民族的经济发展提供了实例见证。老字号是中国的自主品牌，承载中华文明，展示浓郁地方特色，传承独具匠心的技艺和服务，凝聚世代先辈们的心血和智慧，体现诚信经营的商业文化精髓，是民族文化传承光大的重要载体。

糖色作坊与商号：

北宋都城相国寺有“孟家道院王道人蜜煎”[1]。

南宋都城临安，官方有“蜜煎局”，民间有各种作坊在生产糖蜜枣儿、诸般糖、金橘团等蜜饯：“杭城大街蜜饯店买卖昼夜不绝。……庙巷口卖杨梅糖、杏仁膏、薄荷膏、十般膏子糖。”[2]

杭州人周密称：“凡买卖之物，多于作坊行贩已成之物，转求十一之利。或有贫而愿者，凡货物盘架之类，一切取办于作坊，至晚始以所直偿之。虽无分文之储，亦可糊口。此亦风俗之美也。”[3]当时民间蜜饯作坊生产有糖丝钱、泽州饧、蜜麻酥、十般糖、爊木瓜、糖脆梅、破核儿、查条、橘红膏、荔枝膏、蜜姜豉、韵姜糖、花花糖、二色灌香藕、糖豌豆、芽豆、栗黄、乌李、酪面蓼花、蜜弹弹、望口消、桃穰酥、蜜枣儿、乌梅糖、玉柱糖、乳糖狮儿、薄荷蜜、琥珀蜜饧角儿等“诸色糖蜜煎”。

图 4-2　民国时期“百年汇昌”的糖色作坊历史照片（塘栖镇水沟弄）

明末，苏州皋桥西偏有“孙春阳”南货铺，天下闻名[4]。清初时，塘栖已有姚家糖色坊。

乾隆年间，有“白玉斋”糖色[5]，乾隆《杭州府志》卷五十四称：“糖色，武林有诸般糖作坊。”

光绪年间，塘栖有姚家糖色坊[6]。民国时期，塘栖逐步形成一个完整的农产品到成品的产业链。到20世纪20年代，超山腌梅业达到最盛时，超山的接坝桥、屯里、泰山一带，作坊林立，有汇昌、恒昌森、仁昌、祥丰、泰昌、长丰、悦来盛、李源泰等20多家。

[1]［宋］孟元老：《东京梦华录·相国寺内万姓交易》，中州古籍出版社2017年1月版。
[2]［宋］吴自牧：《梦粱录》卷七《夜市》，21世纪出版社集团2018年3月版。
[3]［宋］周密：《武林旧事》卷六，中华书局2007年9月版。
[4]［清］钱泳：《履园丛话》卷二十四《杂记》。
[5]［清］朱点辑：《东郊土物诗》，清光绪八年（1882）西泠丁氏刻本。
[6]［清］王同：《唐栖志》卷十八，浙江摄影出版社2006年5月版。

著名作家郁达夫先生在《超山的梅花》一文中这样写道："超山脚下，塘栖附近的居民，因为住近水乡，阡陌不广之故，所靠以谋生的完全是果木的栽培。自春历夏，以及秋冬，梅子、樱桃、枇杷、杏子、甘蔗之类的出产，一年总有百万元内外。所以超山一带的梅林，成千成万；由我们过路的外乡人看来，只以为是乡民趣味的高尚，个个都在学林和靖的终身不娶，殊不知实际上是他们却是正在靠此而养活妻孥的哩！"

1949年《杭县塘栖镇南北货业会员住商登记申请表》记录的商号有汇昌、恒昌森、仁昌、永昌、震昌、大昌、华昌、仁义和昌、同福昌、合和、昇泰昌、万利昌、甡昌、和昌、志成、祥盛、同昌、益昌、福泰、振昌、洪昌、稻香村等；《糖坊业会员住商登记申请表》记录的糖坊有包大房、包二房、徐振兴、乾兴、吴隆兴、谈振兴等。

表1 1949 年杭县塘栖镇南北货、糖色商号名录[1]

商号名称	负责人	地址	资本额	组织情形	开业日期	职员人数	附注
汇昌	陈继明	花园桥	壹千捌百万元	合股	逊清年间	廿七人	南北货
恒昌森	姚爱亭	西石塘	壹千叁百万元	合股	光绪年间	九人	南北货
仁昌	唐天佑	市西街	叁百伍拾万元	独资	民国十年	四人	南北货
永昌	曾玉和	市东街	肆百捌拾万元	合股	民国十三年	六人	南北货
震昌	叶文傑	西石塘	壹百万元	独资	民国卅四年	二人	南北货
大昌	林德熙	西石塘	捌百捌拾万元	合股	民国十五年	三人	南北货
华昌	程景颐	市东街	贰百伍拾万元	独资	民国卅七年	三人	南北货
仁义和昌	胡炳正	西石塘	壹百陆拾万元	独资	民国三十年	二人	南北货
同福昌	李小炳	市西街	捌拾万元	独资	民国廿六年	无	南北货
合和	许文扬	葡萄湾	壹百捌拾万元	合股	民国廿七年	二人	南北货
昇泰昌	章顯文	西石塘	柒拾贰万元	合股	民国卅五年	二人	南北货
万利昌	胡宽夫	马路上	伍拾万元	独资	民国卅五年	无	南北货
甡昌	章棣华	西市角	陆拾万元	独资	民国卅一年	一人	南北货

[1] 资料来源：《1949 年杭县塘栖镇南北货业会员住商登记申请表》《1949 年杭县塘栖镇糖坊业会员住商登记申请表》。

续表

商号名称	负责人	地址	资本额	组织情形	开业日期	职员人数	附注
和昌	许文顺	市东街	壹百万元	独资	民国卅五年	二人	南北货
志成	徐志强	东市角	叁拾万元	独资	民国卅六年	无	南北货
祥盛	沈庭浩	东石塘	肆拾万元	独资	民国卅六年	一人	南北货
同昌	翁谈如	市东街	伍拾万元	独资	民国卅一年	一人	南北货
益昌	童益康	市东街	拾万元	独资	民国卅五年	无	南北货
福泰	陈步贤	西石塘	拾伍万元	独资	民国卅六年	一人	南北货
振昌	叶文傑	西石塘	拾万元	独资	民国卅七年	一人	南北货
洪昌	吴汉培	西石塘	拾万元	独资	民国卅八年	一人	南北货
稻香村	潘源茂	西石塘	廿五万元	独资	民国卅五年	无	南北货
包渭兴（大房）	包顺宝	西小河	贰百万元	独资	民国七年三月	二人	糖坊
包渭兴（二房）	包梓元	西石塘	柒拾万元	独资	民国元年一月	二人	糖坊
徐振兴	徐福源	市东街	伍拾万元	独资	民国五年七月	学生二人	糖坊
乾兴	姚水根	市西街	伍拾万元	独资	民国卅八年八月	学生一人	糖坊
吴隆兴	吴云发	苍桥	贰拾万元	独资	民国卅四年八月		糖坊
谈振兴	谈森华	市东街	贰拾万元	独资	民国十三年九月		糖坊
聚源昌		水北街					糖色
王禹顺		水北街					糖色
管泰顺		水北街					糖色

一个国家经济发展的过程始终伴随着民族品牌的发展，而老字号正是最典型的代表。老字号大部分经历了晚清和民国时期中国资本主义发展阶段，经历了公私合营的社会主义改造、社会主义计划经济和改革开放，经受了社会变革的动荡和市场激烈竞争等各种考验，一直生存发展到今天，饱经沧桑而历久弥坚，具有顽强的生命力。

2.不可或缺的品牌价值

(1)中华老字号的文化品牌价值

中华老字号企业在上百年的发展历程中，经历无数磨难，抗住了历史的考验，存留至今仍经久不衰，成为中华工商业发展的一个见证。不仅仅是塘栖的老字号，可以说每一个老字号，都是一块闪闪发光的金字招牌，是一份珍贵的历史文化遗产。说起闻名遐迩的老字号，有始于清朝康熙年间提供中医秘方秘药的同仁堂，有应京城达官贵人穿戴讲究需要而发展起来的瑞蚨祥绸布店，有号称“中华第一涮”的东来顺，有达官显贵、文人墨客写书作画的一得阁墨汁，这些老字号都是中华悠久历史的一部分。

中华老字号品牌具有浓郁的传统文化特色，不仅包含了独特的生产技术、经营理念、民俗风情、道德信仰、文化内涵、地理条件乃至价值观念、人生哲学。同时，品牌也是中华老字号企业对于品质、口碑、诚信等传统经营理念的追求，当然这些文化特色也是现代品牌要素构成，为品牌开发、品牌延伸创造了得天独厚的优势和条件。

表2　2006年中华老字号品牌价值百强排行榜前十名[1]

排名	品牌名称	品牌价值（亿元）	商标荣誉	行业	省市
1	同仁堂	29.55	驰名商标	医药	北京
2	恒源祥	25.52	驰名商标	纺织服装	上海
3	云南白药	25.19	驰名商标	医药	云南
4	冠生园	24.76	驰名商标	食品	上海
5	王老吉	22.44	省著名商标	医药	广东
6	全兴	20.56	驰名商标	酒业	四川
7	老凤祥	20.08	驰名商标	珠宝首饰	上海
8	锦江	19.77	驰名商标	酒店/饮食	上海
9	桐君阁	18.65	驰名商标	医药	重庆
10	全聚德	15.36	驰名商标	餐饮	北京

在2007年中国品牌研究中心评估的第二届中华老字号的品牌价值排行榜中，茅台高居榜首，品牌价值为145.26亿元。排在第二名的五粮液品牌价值为130.42亿元，第三名利群的品牌价值为51.19亿元。排在榜单最后一位的楚河，品牌价

[1] 资料来源：中国品牌研究院2006年发布的《首届中华老字号品牌价值百强名单》。

值为0.10亿元，与榜首茅台的品牌价值高低相差1450多倍。可见中华老字号品牌价值差距依然相当大。2006年排在榜首位置的同仁堂品牌价值为29.55亿元，而2007年茅台的品牌价值已经达到145.26亿元，可见中华老字号的品牌价值大幅上升。其主要原因是一些以往不是中华老字号的企业于2006年被国家商务部认定为中华老字号，而这些新认定的中华老字号，普遍品牌价值较高，但是它们与国际知名品牌之间的品牌价值差距依旧很大。

因此，如何更好地对老字号这一品牌进行营销，如何使中国老字号企业在激烈的市场竞争中保持品牌优势，振兴我国中华老字号值得我们深入探讨。

表3　第二届中华老字号品牌价值十强名单[1]

排名	品牌	品牌价值（亿元）	排名	品牌	品牌价值（亿元）
1	茅台	145.26	2	五粮液	130.42
3	利群	51.19	4	青岛啤酒	50.53
5	剑南春	45.78	6	张裕	37.32
7	同仁堂	32.92	8	泸州老窖	27.53
9	恒源祥	26.88	10	老凤祥	21.92

老字号不仅具有文化传承价值，同时又具有品牌商业价值。因为悠久的历史和曾经的辉煌，老字号具有良好的信誉和广泛的知名度，品牌价值不仅附着于产品的使用价值上，其品牌名称本身就是一种无形资产。老字号企业品牌价值是日积月累积累起来的，有着广泛的市场认同，是一种无形的品牌资产。

（2）老字号文化载体的传播优势

老字号具有丰富的优秀文化内涵，如建筑文化、饮食文化、商业文化、民俗文化等，这些都成为中国民族文化的重要组成部分。老字号承载了优秀的中华文化，既有十分鲜明的中华文化符号，又有难以割舍的中华文化情感。

人们光顾老字号，可以感受到中华文化的博大，领略悠久历史的精深。无论是侨居海外和久居外地的人们回到故乡，还是国际友人初次踏访这片热土，总要先到老字号逛逛，或追寻梦想，或寄托乡情，或感受文化，或陶冶情操。从一定意义上说，老字号满足了人们精神世界的寄托，保护、促进老字号的发展，就是保护和弘扬中国民族文化。

［1］资料来源：中国品牌研究院2007年发布的《第二届中华老字号品牌价值百强名单》。

老字号凭借其深远的品牌影响、优异的产品质量以及丰富的历史文化内涵，成为世界政要和国际友人交往中参观考察的首选。老字号产品更是成为中国领导人会见外宾、互赠礼品的必然选择。周恩来总理生前曾27次到全聚德烤鸭店宴请外宾；2008年北京奥运会期间，奥运村一天卖烤鸭700只。名噪京城的馄饨侯能把馄饨皮做到薄如纸，把皮放在报纸上，能看到上面的字，味道更是一绝。当年周总理宴请外宾，多次把馄饨侯的师傅请过去展示绝技。老字号作为中国文化的载体和使者，有着十分明显的传播优势。

（3）中华老字号品牌实力与美誉度

中华老字号品牌历史悠久，拥有时代传承的产品、技艺和服务，具有鲜明的中华民族文化传统、文化背景和深厚的文化底蕴，有着广泛的社会认同和良好的品牌美誉度，有着独特的品牌识别、品牌美誉度和品牌影响力。

中华老字号具有较高的历史文化积淀，集成了中国传统文化的精髓，是中华民族工商业的精英、中华民族的瑰宝。老字号是中国的自主品牌，承载着中华文明，展示了浓郁地方特色，传承着独具匠心的技艺和服务，凝聚着世代先辈们的心血和智慧，体现了诚信经营的商业文化精髓，有着广泛的群众基础和社会认同。有一些老字号品牌产品优质、信誉卓著，能够满足现代消费需求，有成为国内外市场上著名品牌的基础和优势。如果能够充分发挥中华老字号企业得天独厚的品牌实力和美誉度优势，加大老字号的品牌传播，必然能够强化老字号的品牌影响力和市场竞争力。

（二）“汇昌”——百年字号之浮沉

越来越多的外国品牌进入国内市场和国产新品牌的诞生，给消费者带来了许多新产品、新观念以及更多的选择机会，也给中华老字号带来了严峻挑战和经营困境。据统计，在1993年以来国家有关部门认定的1600多家中华老字号中，现在勉强维持现状的占70%；长期亏损、面临倒闭、破产的占20%；生产经营有一定规模、效益好的只有10%左右。那么中华老字号经历的是怎样的兴衰浮沉，面临着怎样的机遇与挑战？

1.50年内的三次冲击

在近50年的时间里，中华老字号遭受了三次时代的冲击：第一次是在1956年公私合营时期，不少老字号被“合”掉，这次冲击以消灭私有制为动机；第二次是在“文革”时期，老字号的生产经营遭受破坏，这次冲击以动乱为标志；第三次，也是最致命的一次冲击，从20世纪80年代中期以后开始，至今没有停止，老字号在西方先进经营理念和多种业态的冲击下，相继崩溃。如果说，前两次冲击都是人为的冲击，带有政治理念的强行干涉，那么第三次冲击完全是新旧思想、新旧业态、新旧体制的相互较量，并无任何行政外力。也就是说，第三次冲击来自于时代。

第三次冲击，虽然最为致命，但同时也提供着最大机遇，或浮或沉，只在一念之间。面对行政干预，老字号消沉无奈；然而面对市场大潮，谁都有机会成为弄潮儿而笑傲天下，谁也都有可能被淹死而“抛尸荒野”。老字号处于被淹没的边缘，绝不能怨天尤人。况且老字号在第三次冲击下所面临的最大危险不在外部而在内部，自我束缚和内部自戕才是老字号走下坡路的顽症所在。

第三次冲击永远不会停止，因为全方位竞争的时代已经到来，并且要永久性地按照丛林法则竞争下去。大浪淘沙，存活下来的只能是竞争的胜利者。

2.中华老字号发展兴衰

在历史上保留下来的中华老字号可谓个个饱经风霜。有的人可能走进老店看一看、摸一摸、问一问就走了，有的老字号街区沦为低档小商品聚集地，有的特色街道却成了国际品牌的展示台；但是，也有的老字号跟随着时代潮流再度兴起，从糖色作坊与商号的发展情况中便可以探知一二。

（1）姚灿然

姚灿然糖色坊，明末清初开设于塘栖镇水南，清朝初年塘栖诗人卓长龄所写的《北墅搓香》称：“姚家饾饤巧还松，香雾霏霏扑面浓。糖拌日烘排岸北，最先尝得是游峰。”生动描写了“姚家”糖色制成以后香飘运河两岸的场景。

《民国杭州府志》卷八十一：“唐栖姚灿然糖色名于四方。”

乾隆年间，杭州朱点将当时各种风物小吃编为《东郊土物诗》一书，就收录了茅德芬的《姚氏糖色》诗：“曝粉采佳果，煎酿制甘脯。材料集精良，名目难指偻。咀嚼引香甜，清气豁灵府。白玉颜其斋，食典应有取。”

诗中“白玉颜其斋”一句，说明当时“姚氏糖坊”应该还有一个叫“白玉斋”的堂号。

（2）黄禹盛

在塘栖镇水北街，原水上派出所址，清末至民国年间营业，业主黄振寅，塘栖镇水北人，入德清县籍。抗战胜利以后，黄禹盛售予塘栖徐家。

（3）聚源昌

聚源昌在塘栖镇水北街，清末至民国年间开业。创办人胡企才，又名玉源，号鹤溪堂主人。清代安徽人，太平天国战乱逃难至塘栖，创办“聚源昌”糖色店于水北街。后其子胡燧馥承其家业。

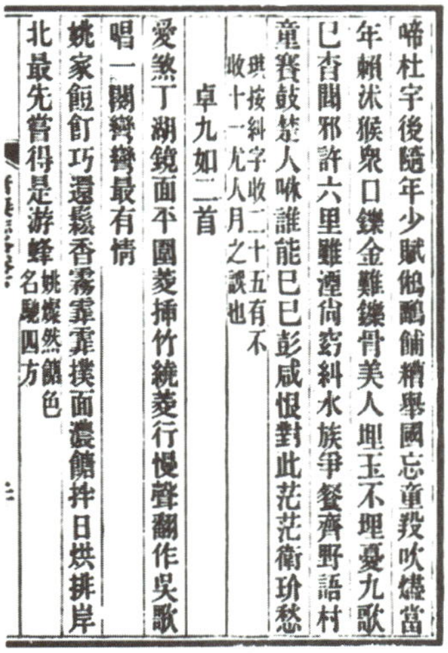

啼杜宇後隨年少賦鴝鵒餔糟舉國忘童羖吹爔當
年賴沭猴衆口鑠金難鑠骨美人埋玉不埋憂九歌
已杳閩邪許六里雖湮倘窈糾水族爭餐齊野語村
童賽鼓楚人咏誰能巳巳彭咸恨對此茫茫衛玠愁
珙按糾字收二十五有不收十一尤人月之誤也

卓九如二首

愛煞丁湖鏡面平圓菱插竹繞菱行慢聲翻作吳歌
唱一闋彎彎最有情
姚家餖飣巧還鬆香霧霏霏撲面濃餳拌日烘排岸
北最先嘗得是游蜂姚燦然餳色名馳四方

图 4-3　聚源昌

由于糖坊制作蜜饯的季节较短，销售也限于每年“香市”，造成了做一季吃一年的局面，糖坊业往往不能得到很大的发展，聚源昌也终于在1949年歇业。

（4）恒丰梅干号

塘栖镇市东街111号，周仁庆创办于20世纪50年代初，店员4人，资本500元，经营桃干、梅干等。

（5）协丰梅干号

塘栖镇南市街94号，唐小毛创办于20世纪50年代初，店员4人，资本5000元，经营桃干、梅干等，1954年营业额28496.71元。

（6）华丰桃梅干号

塘栖镇东石塘93号，郭长华创办于20世纪50年代初期，店员2人，资本3929.8元，经营桃干、梅干等，1954年营业额15934.69元。

（7）乾泰昌梅干号

塘栖镇市东街64号，陈幼春创办于1954年4月，两家合伙，有店员4人，资本

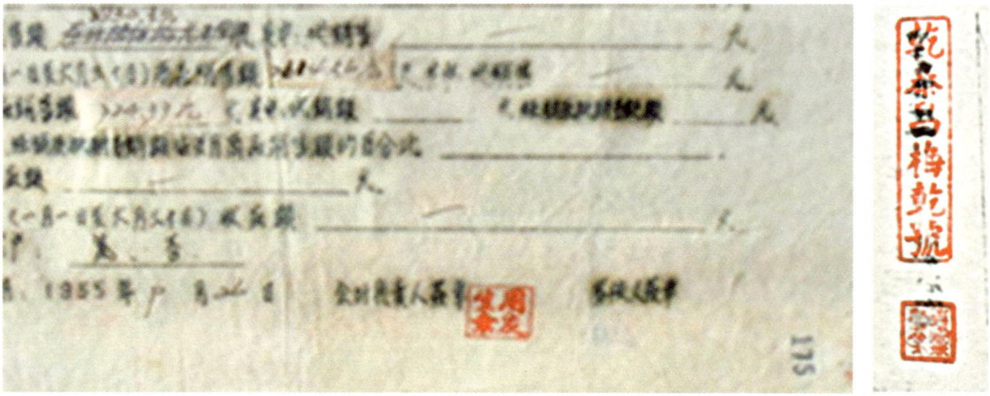

图 4-4　蜜饯商号的登记册（余杭档案馆）

8100元，经营桃干、梅干、熬糖桂花等。

（8）周友记

在西石塘街109号，1950年8月20日周友生创办。周友生，1915年生，塘栖南横头人，祖籍萧山，少时在杭州湖墅金茂南货店学生意，后来到“汇昌栈”当伙计，专门制作糖色，后“汇昌栈”面临困难，有一半伙计分出去，自谋出路。1950年周友生在西石塘街创办周友记。

（9）华昌

在塘栖镇西石塘，民国年间营业。

（10）仁昌

在塘栖镇市西街，始创于民国十年（1921），独资，民国年间经理唐天佑，有员工4人。又有香烛作坊。1949年注册资金人民币350万。

（11）永昌

在塘栖镇市东街，始创于民国十三年（1924），合股。民国年间经理曾玉和，有员工6人。1949年时，注册资金人民币480万元。

（12）恒昌森

在塘栖镇西石塘，始创于清光绪年间，合股经营，“汇昌蜜饯复昌糖，糕饼茶食李恒昌，零零碎碎跑华昌”。民国年间经理姚爱亭，是塘栖镇商会南北货商公会理事。1949年时，注册资金人民币1300万元。1956年，恒昌森公私合营。1987年，在其原工场内创设余杭县罐头厂和长虹食品厂，专制清水马蹄、竹笋、橘子、枇杷等罐头制品。“唐梅”牌糖水枇杷，评为“浙江省优质产品”。

（13）泳隆南北货栈

泳隆南北货栈，原名“方永隆”，创始于清朝道光十三年（1833）。在临平东大街282号，原店面为三楼三底，坐北朝南，木结构，排门板。后因重遭火灾，在民国二十三年（1934）将门面改为封火砖墙、石库墙门。

店主系安徽绩溪人，开业五十载，由于经商有道，货真价廉，故生意十分兴隆。光绪初年曾一度在杭州湖墅和杭县瓶窑两地开设“方源隆”和“方瑞隆”分店。直至光绪后期，店遭火灾等因，亏本万钱，难以维持。方汝亭邀请原经理胡季生及方春生、方德清、朱同春等10人，各投300元，凑资3000元，重整店务，并改换店名。在“永”字旁边加三点，意为三千新的资本，并去掉方字，易名为“泳隆”。

泳隆南北货栈经营南北货、干果、茶食、腌腊，自制糕点。主要产品有斗方片（又叫满桃片）、白麻片、云片糕、麻酥糖、寸金糖、麻片糖、核桃酥、椒桃片等十几种。1956年公私合营，“泳隆”店号不变。1958年，划归临平供销社，改为临平副食品东部。1963年划归国营商业，更名为“国营临平烟糖二店”。

（14）郑元茂南北货栈

郑元茂南北货栈，创建于清光绪十三年（1887）。栈址原设于余杭通济街51号李家弄口，坐西朝东，砖木结构，十几间门面。临街两扇包铁皮大门，上方风火墙上书“郑元茂”3个大字，左右墙分书“南货”“腌腊”，每个字有1米8见方。进大门，过天井，右为腌腊店堂，左为南北货店堂，商品达千余种，可称得上“山珍海味，闽广洋糖”，样样皆全。再进内是糕饼、蜜饯、腌腊等6个工场，传统产品有麻枣、绿豆糕、云片糕、麻酥糖、各式月饼等糕点十余种以及火腿、腊肉、黄鱼鲞等。店主郑元茂，祖籍安徽，生于杭州。从安徽休宁老家请来吴家贵当经理，并聘请了“徽帮”糕点师傅。由于经营有方，注重质量，生意十分兴隆，发展甚快。开业十余载，雇工增至一百余人，仓库八十余间，大小货缸一千五百余只。

图 4-5　郑元茂南北货栈

民国二十年（1931）七月，郑元茂在孝丰开的当铺失火，为赔款抽走了大部资金，货栈濒临破产，时遇老经理段金藤去世，货栈转让他人。继由副经理金长炎集资13503元，于阴历十二月十二重新开张，易店名为“元茂南北货栈”，生意仍很兴隆，有职工70人。抗战时期，该店遭日机轰炸，店屋被日军烧毁数十间，损失惨重。抗战胜利后，迁址复业，因货币急剧贬值，货栈又临危机。1949年5月余杭解放，临安专署专员会同余杭县税务局、工商科等，到郑元茂货栈研究解困办法，税务给予照顾，银行发放贷款，使这家将近倒闭的老店重萌生机。1956年，郑元茂公私合营，后改称“余杭食品厂”。

(15)张祥丰

图 4-6　张祥丰商标

张祥丰位于苏州阊门外山塘。道光二十二年(1842)张谦三创上海张祥丰号，聘沈伯康为经理，凭借其善于运筹资金的长处，使张祥丰号实力日益壮大。同治十二年(1873)在苏州山塘通贵桥西分设张祥丰号时，他又聘张梅春为执事。张梅春不仅熟悉苏式蜜饯的加工工艺，而且通晓经营之道。在苏州，张祥丰先盘下益昌号和朱祥泰号两家蜜饯大户。于1900年在苏州胥门设分号张长丰，1914 年在浙江嘉兴设分号张萃丰，至此，张祥丰号在江浙沪地区形成优势，控制了这个地区的蜜饯销售，整个江南一带收购梅子定价都由张氏控制。新中国成立以后，苏、浙、沪三地的张氏产业分别发展为国营苏州蜜饯厂、嘉兴蜜饯厂、上海蜜饯厂。

1972年时任日本首相田中角荣访华时，外交部指名要嘉兴蜜饯厂生产的白糖藕片作为招待食品。制作蜜饯需要大量鲜果，张祥丰号向吴县洞庭东西山、光福、浙江杭县等花果产区采购。1920年12月，嘉兴分号张萃丰在杭县小林镇建立一个梅园，自产果品，还设立加工场将收购来的梅、桃、枇杷、樱桃等鲜果就地加工成半成品，然后运回嘉兴加工成品。

1947年2月19日，上海《申报》报道“苏州张祥丰也每年设行来收购梅子”(《塘栖卅里香雪海》)。

3.优劣势共存的老字号

(1)中国老字号优劣势并存

中国老字号的优势在哪里？

第一是质量。不少老字号有特殊的工艺，严格的质量控制办法，长期坚守着某种质量信念，例如上述有塘栖特色的蜜饯——糖色，成为苏式蜜饯的代表产品之一。

第二是诚信。例如百年汇昌有“精诚之至也，不精不诚，不能动人”的口号，使其发展依旧生机盎然。

中国老字号的劣势在哪里？

第一是生产不规范，传统工艺不能与现代技术对接。一个厨师用同样的原料炒同样一个菜会有不同的味道，因为火候适度、盐少许、味精少许之类的技艺传承，缺乏具体量性标准和严格规范。

二是超稳定，目标客群和客层过于狭小、集中。

三是规模小，前店后厂，不能产生规模效应。

四是创新不足，经营理念、技术、产品和服务缺少创新，不能与时俱进，随着消费水平和消费方式的变化而变化。

五是传播手段落后，多数老字号的商誉是靠口碑传播的，缺少主动传播意识和现代传播手段。

（2）在品牌经济时代，老字号面对的挑战主要来自四个方面：

需求方面：来自现代生活方式的挑战。充满时尚、品位、特殊文化韵味，能给人们带来全新体验的产品和服务，更受到主流消费群体，尤其是年轻人的青睐。而老字号产品和服务中往往缺少这些元素。

竞争方面：来自现代品牌的挑战。市场经济的蓬勃发展和经济全球化程度的提高，展现在消费者面前的产品和服务异彩纷呈，五光十色，品牌云集且层次分明，老字号产品和服务的“替代品”越来越多。

科技方面：来自新技术的挑战。现代科技日新月异，技术更新速度的加快，带来产品更新换代速率的提高和市场生命周期的缩短。老字号多数固守某种传统工艺，缺少技术创新，有很大局限性。实际上，有些老字号的没落是从工艺技术被淘汰开始的，工艺技术被淘汰了，老字号也就剩下空壳了。

体制方面：来自僵化的产权制度和管理体制的挑战。

当然，不少老字号也有发展的机遇：

①因特殊的产品与服务、忠诚的顾客、世代相传的良好商誉和文化而形成的独特而有潜力的国内外市场。

②现代科技发展与老字号传统工艺技术成功对接，给老字号经营注入活力，使老字号能够实现产品和服务的创新。

③老字号产权改革和制度创新有较好的政策和法制。

4.杭州对老字号的政策扶持

杭州市委、市政府一直都很重视保护和振兴“老字号”工作，在2003年率先成立了全国首家老字号企业协会，之后又成立了杭州市振兴老字号工作协调小组，而且成功举办了全国中华老字号精品博览会和中华老字号百年品牌高峰论坛。在《杭州创业最新政府扶持政策》（2016—2017年度）的第二十九点“商贸服务业发展项目财政资助”中的第四条：重建和修复改造商业企业“老字号”的项目以及在技术创新、经营创新和服务创新上取得显著成绩的商业“老字号”企业的项目。

为了弘扬余杭传统商业文化，让珍贵的传统技艺得到有效传承，在余杭各级政府和部门的大力支持下，浙江老字号“百年汇昌”近年来一直在民间寻找老艺人、收集传统配方，力图恢复手工蜜饯的制作技艺。2010年，“百年汇昌”传承蜜饯制作技艺被列入《杭州市非物质文化遗产名录》，这项浓缩了余杭数百年文化精髓的民间传统技艺终于得以传承和保护。

在2008年4月1日发布的《杭州市人民政府办公厅关于印发杭州老字号认定保护办法的通知》的第十四条中“‘杭州老字号’持有人享受市有关扶持政策。各区、县(市)政府也应根据各地实际出台相关扶持政策，对本地区的‘杭州老字号’给予扶持”；第十五条“各区、县(市)经贸主管部门应当鼓励、支持利用节日活动、展览、培训、教育、媒体宣传等手段宣传‘杭州老字号’品牌和技艺，促进其传承和社会共享”；第二十一条“对在‘杭州老字号’保护和促进工作中有突出贡献的单位和个人，由市经委会同市贸易局给予表彰奖励”。

在2016年1月28日发布的《杭州市人民政府办公厅关于我市老字号企业转型升级建议的复函》中提到：“一直以来，我市十分重视老字号企业转型升级工作，积极采取有效措施保护和促进老字号发展，打造了全国唯一的国家级中华老字号示范商业街区清河坊，组建了首个老字号领域非政府智库——杭州老字号研究院，连续成功举办了12届国家级中华老字号博览会和中华老字号百年品牌高峰论坛，策划发行了全国性的《中华老字号》杂志和中华老字号电视纪录片、微电影，建立了老字号文化创意园等，取得了良好成效。截至目前，我市经认定的杭州老字号企业已达156家，其中中华老字号39家、浙江老字号150家，涌现了杭州胡庆余堂、楼外楼、张小泉等一批在全国乃至全球具有较大影响力的老字号。同时，我市积极引导老字号企业适应互联网发展和经济全球化趋势，支持企业‘触网’运营和‘走出去’发展，先后成功举办了‘2007浙江省中华老字号日本展’‘2009浙江省中华老字号台湾展’‘2010浙江中华老字号暨浙澳名优商品展销会’等境外展会，在台湾、澳门等地建立了以老字号企业为骨干的浙江名品中心，推动了众多老字号企业在两地开设连锁店或建立加盟店，实现了一批老字号的新发展。”除此之外，它还提及了接下来的措施：

(1)关于分类旋策、加大保护力度问题

一是拟出台老字号保护与发展条例。在《中共杭州市委杭州市人民政府关于促进杭州老字号振兴发展的若干意见》(市委〔2007〕26号)的基础上，研究出台老字号保护和发展条例，使我市老字号企业保护和发展有法可依。二是建立健全老字号名录体系。深入开展老字号普查工作，建立健全老字号档案，建立和发布老字号名录。建立老字号统计监测制度，全面了解和掌握老字号的发展现状及存在问题，加快抢救即将失传或受到破坏的老字号手工技艺、重要文献、珍贵实物，支持对历史遗存但未经营的老字号进行有效开发和利用。三是加强老字号知识产权保护。鼓励和支持老字号企业进行商标、域名的注册和专利申请工作，引导和支持老字号企业加快开展境外商标注册和商标延展，为老字号企业境外维权提供支持。设立老字号知识产权重大侵权案件快速维权通道，严厉打击侵犯老字号商标权、专利权、著作权及企业名称、商业秘密等知识产权和制售假冒伪劣老字号产品的不法行为。鼓励设立老字号维权基金，调动社会各界积极性，为老字号企业维权提供支持。

(2)关于注重从政府层面支持问题

一是加大老字号品牌宣传力度。鼓励制作、出版宣传老字号的电视专题片、纪录片、刊物、书籍和画册，发行老字号消费指南、手册和地图，集中展示宣传老字号形象，及时发布老字号动态和政策信息，深入开展老字号理论研究、政策咨询和信息交流活动，营造有利于老字号发展的消费环境和社会氛围。引导老字号品牌走进校园，培育新的消费和从业群体。二是支持老字号企业开拓市场。办好办精每年一届的中华老字号博览会和中华老字号百年品牌高峰论坛，鼓励老字号企业积极参加各类经贸洽谈、展示交易活动，在全国重点城市巡回举办产品展销活动。在政府部门组织的活动中，优先为老字号企业和产品提供展示摊位，并在具备条件的展会设立老字号专区。三是推动老字号旅游产品开发。引导老字号企业主动向文化体验式消费模式转变，鼓励老字号企业举办符合当代文化价值取向的文化节、购物节，开发适合旅游服务的老字号产品、纪念品。支持专业机构开发不同主题、不同消费层级的老字号旅游消费路线。四是鼓励老字号企业“走出去”。积极为老字号企业开拓国际市场提供指导和帮助，支持老字号企业赴境外参展设展、考察交流，大力宣传推广优秀中华文化和杭州地方文化。五是完善老字号公共服务体系。深入推进中小商贸流通企业服务体系建设，充分发挥公共服务平台的组织带动作用，调动各类专业服务机构积极性，为老字号企业改革创新发展提供专业化配套服务。支持商业银行开发符合老字号特点的专门金融产品，鼓励各类金融、投资、咨询机构联合设立老字号投资基金，积极参与和推动老字号企业改革创新发展。

（3）关于重视老字号企业的门店需求问题

一是支持建设老字号特色商业街区。对现有历史街区业态进行引导与调整，适当控制非老字号商业的招商规模，支持和鼓励真正展示老字号文化、经营老字号产品的企业长期入驻，突出河坊街、中山中路、塘栖水北街等古商街的“古”味。二是推进街区配套升级。对现有街区配套设施进行升级改造，为老字号企业在店外进行传统技艺展示互动创造条件，营造原汁原味的老字号街区场景，使历史街区名副其实。三是加强老字号产品展示窗口建设。结合火车东站枢纽、空港规划建设旅游商品集散商城，采用政府搭台、企业唱戏的方式，逐步打造全市老字号企业集中展示产品、营销产品的窗口。

（4）关于建立杭州老字号博物馆和传统作坊园区问题

组织力量开展杭州老字号博物馆建设前期研究，加快推进项目立项等工作，力争运用现代化、信息化手段，集中展示我市老字号品牌历史、商业文化以及独特产品和技艺。充分利用我市作为国际重要风景旅游城市的优势，研究推动杭州老字号传统作坊园区建设，积极引导企业开发适合旅游业推广的老字号产品，鼓励企业入驻园区以形成规模优势。加强政府相关部门间的沟通协同，争取将老字号博物馆、老字号原址等列入特色旅游项目，加大推广力度，扩大知名度和影响力。

（5）关于鼓励老字号企业改革创新发展问题

一是推进老字号企业深化改革。推动国有老字号企业体制改革和机制创新，实现老字号品牌优势和民营企业机制优势的有机组合；继续深化已改制老字号企业的改革，进一步优化股权结构；支持引进战略投资者，提升老字号企业品牌价值和自主发展能力；鼓励打造老字号企业集团，支持和鼓励大中型企业控股、收购、兼并老字号企业；推动老字号品牌价值评估体系建设，量化老字号无形资产价值，依法确认所有权属，并在改制重组中充分体现价值；鼓励以作价入股方式实现品牌所有权和使用权的统一。二是支持老字号企业创新传统技艺。鼓励和支持老字号企业在保持传统特色的基础上，引入现代生产方式，加快技术改造，开发新产品，开拓新市场，获得新发展。三是支持老字号企业创新商业模式。引导老字号企业应用互联网和现代信息技术发展电子商务，支持在淘宝杭州特色馆、杭州产业带上设立老字号品牌专区，并为进驻企业提供宣传、推广、费用等方面的优惠措施。四是支持老字号企业创新管理方式。引导老字号企业建立现代企业制度，建立健全科学的激励、决策和用人机制，探索建立职业经理人制度，不断提高经营管理水平。支持传统技艺传承人授徒传艺，逐步实现企业传统技艺有序传承。五是支持老字号企业创新组织形式。鼓励老字号企业推进标准化改造，拓展品牌影响力和市场。支持餐饮、医药、食品加工等行业老字号企业按照传统技艺要求，建设主要原材料生产、加工、配送基地，保障质量安全和原汁原味。

（6）关于进一步发挥杭州老字号协会的作用问题

一是进一步发挥老字号协会的桥梁纽带作用，推动老字号企业开展交流合作、行业自律。二是进一步发挥老字号协会在老字号企业认定工作中的作用，深化政府管理体制改革，推进老字号企业认定保护工作。三是进一步发挥行业协会在发展、振兴老字号企业工作中的作用，积极向老字号协会购买服务，支持老字号协会举办老字号产品展示、老字号发展论坛等活动。

这些政策的出台和活动的开展，都为全市“老字号”的发展创造了有效的载体和良好的外部发展环境。毫无例外，作为“杭州老字号”中的一员，“百年汇昌”也在无形中受益颇多：在浙江省人民政府公布的第二批“浙江老字号”名录里余杭“百年汇昌”榜上有名；在2010年9月，区贸易局组织余杭三家老字号企业参加的“中华老字号博览会”上举办了一个“余杭老字号”的历史图片展，全面展示了余杭老字号的发展与现状，其中就有“百年汇昌”；近年来，余杭区政府陆续出台扶持和保护传统老字号的政策措施，鼓励民间挖掘整理老字号的传统产品和技艺，并选择部分老字号技艺进行恢复发展，通过多种渠道，宣传老字号品牌、企业和文化，增强余杭“商贸老字号”在市场上的影响力和竞争力，相信“百年汇昌”也将在政府一系列的政策扶助下焕发出新的生机。

（三）“百年汇昌”——时代潮流之共进

1.国内外老字号对比发展探析

下面我们以国内数家著名老字号的年龄和经营变化与国外“老字号”（准确地应称为著名品牌）作一对比。

表4 北京部分著名老字号的年龄与经营变化[1]

名称	年龄	起家	现在主营	变化情况
鹤年堂	603	中药	中药	不变
便宜坊	592	焖炉烤鸭	焖炉烤鸭	不变
永安堂	592	中药	中药	不变
六必居	478	酿酒	酱菜	变化
大顺斋	368	特色食品	特色食品	不变
同仁堂	339	中药	中药	不变
王致和	339	臭豆腐	腐乳、酱油、醋等	延伸
荣宝斋	336	纸店	文房四宝、艺术品	延伸
天福号	270	酱肘子	酱肘子	不变
内联升	155	布鞋	鞋	基本不变
全聚德	144	挂炉烤鸭	以烤鸭为主，高档餐饮	基本不变
吴裕泰	121	茶庄	茶庄	不变
东来顺	105	粥摊	涮羊肉	延伸
瑞蚨祥	103	绸布店	绸布店	不变

表5 国际部分著名“老字号”的年龄与经营变化[2]

名称	年龄	起家	现在主营	变化情况
杜邦	206	火药	化学品	延伸
吉百利	184	杂货店	食品	延伸
宝洁	171	肥皂和蜡烛	织物及护理品等	变化
西门子	161	烟花	通讯电气	变化
卡地亚	161	首饰	手表、珠宝	延伸

[1] 资料来源：根据各家老字号网站提供的资料及相关资料整理。
[2] 资料来源：根据各国上述“老字号”网站提供的资料或相关资料整理。

续表

名称	年龄	起家	现在主营	变化情况
路易·威登	154	箱包	服装服饰	变化
拜耳	145	止疼药	制药、化学品	延伸
雀巢	141	奶粉	食品	延伸
可口可乐	122	药店	可乐	变化
菲利浦	116	灯泡	电器用品	延伸
登喜路	115	烟具店	绅士用品	延伸
香奈尔	107	女帽	时尚用品	延伸

从主营产品和服务的变化来看，国内上述14家老字号（见表4）中有10家自创业时起就一直从事一种或一类产品与服务的经营，只有3家有一些延伸和变化；国外12家“老字号”（见表5）均有产品和服务的延伸和变化，都在围绕自己品牌的核心价值，不断在变化着的市场中寻找和开发新的关联性的事业。

从年龄上看，国内上述14家老字号平均年龄超过300岁；国际13家“老字号”平均年龄不足151岁。毫无疑问，国内的老字号比国外老字号年长一倍。

从经营规模、经济实力和竞争力角度分析（表中未列入），同样的百年老字号，中外企业相差悬殊。上述列举的国外12家均为驰名世界的品牌，有些是世界500强成员，实力雄厚，具有极强的品牌影响力、市场渗透力和核心竞争力。国内的14家老字号虽也知名，但多数规模小、市场窄，品牌力不强。即便是发展较快的同仁堂、王致和和全聚德，其营业收入最多也不过几亿、几十亿元人民币。14家国内老字号营业收入总和也不会达到上述任何一家国外“老字号”的营业收入。例如创立于1802年的杜邦，靠火药起家，现在业务扩展到化学制品、材料和能源，业务遍及全球70个国家，在11个国家有35个实验室，在美国有40多个研发及客户服务实验室，员工有79000多人。2001年总收入为247亿美元，净收入43亿美元。宝洁公司2003—2004财政年度销售额514亿美元，利润64.8亿美元。目前，全球技术中心20个，持有专利数量超过29000项，在全球分公司分布超过80个国家，产品销售超过160个国家，员工数约10万人。即使没有百年历史的麦当劳，到2004年开店共有31500家，营业收入191亿美元，利润22.8亿美元（利润率11.9%）。而全国餐饮业年营业额7400亿人民币，中国餐饮业只相当于4.7个麦当劳。

为什么会产生上述如此大的反差？制约中国老字号发展的瓶颈在哪里？

除了市场经济发育不够成熟的环境因素影响外，比较而言，中国老字号在发展中存在三大局限性：

第一，文化上的保守性。倚老卖老，进取性不足，不愿否定自己的短板，学习他人长处，总认为自己不落伍。

打开中国老字号的网站或简介资料，首先映入眼帘的多是介绍该企业的历史，总是强调它有多少岁，告诉人们它有多老。至今，即使是比较成功的老字号在文化形象上也总是给人以“老古董”的联想，缺乏文化创新和形象创新。

中央电视台2005年“品牌中国”节目，就全聚德、五粮液、商务印书馆、同仁堂四家老字号做了一个品牌联想比较，即把品牌形象及品牌内涵想象成一个穿着什么衣服，乘坐着什么交通工具的人。所穿的服装备选的有：长袍马褂、中山装、运动装和西装；在交通工具方面备选的有：马车、汽车、火车和飞机。结果企业家自我认知与消费者（北京、上海、广州抽样调查）评价存在不小差距。

第二，技术上的局限性。不少老字号由于经济实力不足，技术投入少，产品研发力度小，不能进行产业和产品创新。执着于过去传承下来的技术工艺，师傅带徒弟，没有完整的现代技术开发体系，有不少工艺技术已经过时。即使有些传承下来的特有技术，多数也未形成现代意义上的自主知识产权，没有受到应有的保护。

表6　四家老字号的品牌联想[1]

名称	企业家自我认知	消费者（相对多数）评价
全聚德	穿（现代）唐装、坐飞机	穿长袍马褂、坐马车
五粮液	穿唐装、坐飞机	穿中山装、坐汽车
商务印书馆	穿西装、坐汽车	穿中山装、坐汽车
同仁堂	穿长袍马褂、坐飞机	穿长袍马褂、坐马车

第三，经营上的狭隘性。经营范围太窄，不能以一个产品为基础，向一个产品甚至一个行业发展，没有产业升级；经营半径太短，到目前我国多数老字号还局限于一个狭小的区域市场，只有本土化，没有国际化，经营规模太小；经营技术落后，有的上百年没有变化，缺乏现代推销意识，秉承“酒好不怕巷子深”的信条，

[1] 资料来源：根据中央电视台“品牌中国”节目内容整理。

不采用现代推销和传播手段。

2. 中华老字号振兴之路

品牌，对于许多中华老字号来说，可谓得来全不费工夫，百年老字号的名头就是一块金光闪闪的品牌。但是，有了品牌不等于就有了竞争力，品牌需要进行市场运作，需要经营，需要不断充值。因此，老字号企业必须正视自己的市场地位，正确看待自己的老字号招牌，采取正确的营销手段，积极振兴我国老字号的发展。

下面以“五芳斋”[1]与“张一元”[2]为例：

（1）五芳斋的营销策略

五芳斋作为中国较早的老字号，在发展初期，由于经营观念守旧，营销手段落后致使发展一直比较滞后。尽管后期通过大规模的技术改造，取得了一定的成果，但在市场经济条件下，五芳斋产品单一、经营方式落后、观念陈旧的限制严重制约了老字号品牌的发展。在此形势下，五芳斋通过产业链和产业链延伸、产品创新、现代营销三条途径的整合，使历史悠久的“五芳斋”品牌在现代经济中得以重生。

①五芳斋市场营销策略

a.严格加盟标准

五芳斋在终端的筛选上制定严格、系统化的标准。拓展市场固然重要，但要是不注重终端选择，对于五芳斋日后的发展会很不利。五芳斋对加盟店和经销商进行筛选后，再进行试验销售，达到标准的予以正式加盟或者经销。

b.注重员工培训

对于终端销售人员，五芳斋注重员工的挑选和培训。有一套完善的管理制度来约束工作人员的行为，并给予工作上的指导。加强岗前、岗中培训；管理者陪同拜访，进行指导，解决问题；测定培训需要，制定培训计划；提高业务水平；增加团队稳定性。杜绝招聘时依靠关系等方式进入终端销售店，应时刻以五芳斋品牌价值为思考点。尤其是五芳斋引以为豪的火车站、汽车站等捷运边的销售终端，不要抱着“仅此一家，爱买不爱”的念头去销售。

c.改变激励政策

---

[1] 浙江嘉兴五芳斋粽子是获国家质检总局国家地理标志（原产地）注册的产品，“五芳斋”商标是国家商标局认定的中国驰名商标。

[2] 北京张一元茶叶有限责任公司，1989 年 6 月 26 日成立，经营范围包括销售茶叶、包装食品等。

五芳斋采用走访、激励政策。让一部分管理人员进行不定期的走访，调查终端销售店的情况和员工的工作质量。作出客观评价后进行统一反馈，公布调查结果并第一时间让员工进行调整。走访过程中，听取员工的意见或者建议，并及时反馈、重视。这样可以体现员工的价值，让终端销售人员有归属感和认同感。对于表现优异的销售员工或者终端店，五芳斋提供相应的物质奖励或者岗位培训机会，这样也可以调动大家的工作热情。

d.打造有特色、有吸引力的终端店面

五芳斋终端店尤其是连锁店，必须紧跟时代步伐。店内装潢应当加以革新，让死气沉沉的旧貌变为活泼、温暖型的；桌椅的摆放也要符合一定要求（我们说模仿很重要，在这方面完全可以模仿或者交给设计师）；店内最重要的就是宣扬五芳斋古老文化和品牌，这就是五芳斋有别于其他店的地方。围绕五芳斋文化，打造有特色、有吸引力的终端店面。主要围绕以下几方面：店面的设计及装修，店内产品的摆设，用餐相关布局，老店文化宣扬。

还有一点，五芳斋可以在不同的地区、不同的街道的终端，进行个性设计。例如：在老年人较多的地方，终端店可以设计得古色古香一些；在市区年轻人较多的地方，终端店可以“中国潮”一些，设计成有历史的现代感终端店。总而言之就是定位分明，设计不同。

e.开发新产品

现在的五芳斋粽子已不能够以价格为优势，因此唯有以质取胜。在我看来，粽子应当突出竹子和米的清香，而五芳斋粽子多为肉粽，较为油腻。如果能推出一款带有竹和米的清香的淡粽，不加馅料，蘸着蜂蜜等食用，并打着健康、绿色的旗号，应该很能吸引眼球。况且，竹子如今也成了绿色健康的代名词。现在的人们不仅追求健康生活，也追求精致生活。如果推出精致漂亮的迷你粽子，应该很能吸引女性顾客和小朋友的眼球。除此之外，女性顾客本来食量不大，还十分注重身材。小巧而精致的粽子不仅可以防止一只粽子就把她们塞饱、吃不下其他东西，还便于外带。对于产品的创新，五芳斋可以在顾客群中集思广益，听取顾客的意见，不仅可以加强知名度，提升企业形象，更可以使自己的产品品种多元化。

f.加强品牌推广

充分利用网络平台，比如微博、网购、团购等；加强与传统媒体的合作，比如赞助某节目的播出等；拓宽宣传类型，推出粽子的玩具公仔；开拓新的可做渠道，如与航空公司合作，在飞机上推出以粽子为代表的中式餐点；学习麦当劳等洋快餐的模式，进行外送等活动。

图 4-7　五芳斋产品宣传广告

②五芳斋的崛起对于我国中华老字号的启示

随着五芳斋不断地发展与壮大，又确定了其长期发展的战略目标，即打造米制品行业的领导品牌，打造中式快餐连锁的著名品牌，致力于成为受人尊重的、以米制品为核心产品的、有完整产业链的中国食品领军企业。纵观五芳斋的发展历程，有以下经验值得我们其他中华老字号企业借鉴。

a.重视无形资产的投入，重塑企业形象

以和经商，以誉取胜，以德育人，物质文化和精神文化一起抓，努力走出一条颇具特色的经营路子。这是五芳斋一条比较重要的决策，正是通过在和商文化的理念之下不断重塑良好的社会资本，积极加大无形资产的投入，使企业形象不断得到提升。由于五芳斋很是重视自己社会关系网络中无形资产的投入，使自己的品牌形象越发彰显其特色，从而为自己赢得了极好的口碑。

b.实行标准化制作，创名牌，夺市场

企业要想做大做强，实行标准化管理是取胜的关键。尽管对于五芳斋而言，其产品的标准化没有确切的界限，但五芳斋依然通过努力调查、分析研究，制定了属于该企业独有的粽子厂企业标准的制度，从而使五芳斋产品的品质得到了保证。

图 4-8 张一元产品宣传广告

（2）张一元的品牌重振之路

张一元在经营过程中同样遇到了各种问题，或出于时代变革和现代社会的特点，或者因为茶叶行业的自身特性。在张一元经营状况最差的时候，也就是张一元现任董事长王秀兰刚刚到张一元茶庄上任时，张一元的账面资金只有6000元。张一元的重振花去了10年，但是它的没落却持续了60年。直到王秀兰上任，开始一项又一项的改革举措，才能有今天在北京茶叶行业的领头羊地位，以及每年过亿的销售额。那么，王秀兰是怎样使得张一元拥有现在这样的成就的呢？历经风霜，这家百年老店又是如何在衰落后获得新生的呢？

①广告塑造品牌

美国著名的广告大师大卫·奥格威曾经提出一个著名的观点："每一个广告都是对品牌形象的长期投资。"一个品牌要想迅速拥有高知名度，广告的宣传是必不可少的，而在接下来的品牌形象的树立、品牌联想以及培养忠实的消费者，广告都起到了十分重要的作用。虽然说，广告的高投入并不一定代表高回报，但是，如果因为这样就不重视广告宣传，那么企业肯定不会做好品牌。

张一元公司在成立的时候，就提出了"金般品质、百年承诺、中国茶、张一元"的广告宣传语，发誓要把"张一元"这个著名的老字号做强、做大、做久。其中重要手段之一是积极发挥新闻媒体宣传作用，充分利用宣传攻势，实现品牌效应。在新时期以报纸、电视等宣传媒体为文化载体，为老百姓传递张一元老字号企业脉搏的跳动，突出展现老字号特色，弘扬茶文化，引导茶消费，做到品牌家喻户晓。起初张一元公司每年投入30万元宣传费，到2000年宣传投入已增加到了600万元，2003—2006年更是重拳出击，宣传费达到了1000万元，2008年仍以

1000万元的巨资宣传品牌。

从2002年起，张一元在电视台推出了自己的形象广告，整个广告没有一个“张一元茉莉花茶”的名字，通篇都只是讲述着张一元的经营理念。

广告宣传对张一元的品牌形象的塑造作用凸显了出来。

②勇于探索，敢于创新

张一元不仅重视广告投入，而且能够与时俱进，不断采用新兴媒体进行广告的刊登和宣传。张一元是第一个用高音喇叭播放歌曲、戏剧等招徕顾客的，据说，当时张一元每次播放时，门口都会围着一群人；除此之外，在全国范围内，张一元第一个推出印有自己标识的茶叶罐；1993年5月，张一元第一家加盟连锁店张一元房山店开业；到2012年，张一元的连锁店已经有200多家；1998年，张一元在北京举办了京城的第一次“绿茶节”，打破了京城花茶“一统天下”的格局。

1999 年开始在北京电视台的黄金时段播放自己的形象广告，这是京城众多老字号当中第一个品牌形象广告，1000 万的广告费用占到全年盈利总额的三分之一。强烈的品牌打造意识让张一元敢于对广告进行高投入，事实证明，张一元的这一行为为自己的品牌重塑起到了重要作用。

2002年，投放了电视广告“金般品质，百年承诺”，利用新媒体宣传自己的经营理念，在消费者心中树立了不可动摇的地位。

2007年，“张一元”开始进行品牌的文化创意产业延伸发展，重点在于重现老北京的“书茶馆”，并以“传播茶文化，弘扬国粹精神”为宗旨，向社会各界展示张一元文化内涵。

“人品如茶品，好的人如好的茶一样至清至纯，金般品质，百年承诺。中国茶——张一元”。广告的重金投入对张一元产品及经营活动起到重大作用，同时也塑造了企业形象，最大限度提升了企业的知名程度和张一元品牌的影响力。

2008年，在北京奥运会期间，“张一元”积极抓住奥运会的商机，参与奥运，创造历史。产品上，集中精力研发奥运会的代表性产品，以迎合北京市民和国际友人在奥运会期间的需求，希望可以走上国际化的道路；服务上，提高营销水平，从以“产品”为中心改为以“服务”为中心，提高服务水平和服务质量，同时还积极参与奥运会的志愿服务；环境上，经过全面系统的调研，对经营和办公环境以及硬件设施进行规划改造，以求更加国际化。广告塑造形象，行动打造口碑。张一元在积极宣传、塑造形象的同时，还一直坚持提供20多项便民服务：代客邮寄、加工礼品茶、代客泡茶等。

现在的消费者不断要求服务人性化、个性化，也更加注重消费过程中的体验，这是现代市场的特点，张一元公司也认识到了这一点。进入21世纪以来，他们多次举办茶文化的传统节日。5月12日，张一元举办“走进张一元体验中国味道的母亲节——张一元2014母亲节活动”，呼吁晚辈在母亲节这一天为母亲敬上一杯茶，表达对母亲的感恩和谢意。这让“母亲节”这个西方传来的节日具有了浓浓的“中国味”，也让“茶文化”更加具有时代气息。

根据易观智库预测，2012年茶叶B2C网上零售交易规模为39亿元，到2014年，茶叶B2C网上零售规模将达到77亿元。目前，从茶叶B2C网上零售的交易规模上看，天猫、京东、当当等综合电商平台占到整个交易规模的90%，而垂直网站仅占到10%。但是，茶叶的中高端消费群体年龄在35岁以上，而受到目前网购用户年轻化的结构特质所限，阻碍了茶叶电商市场的发展。

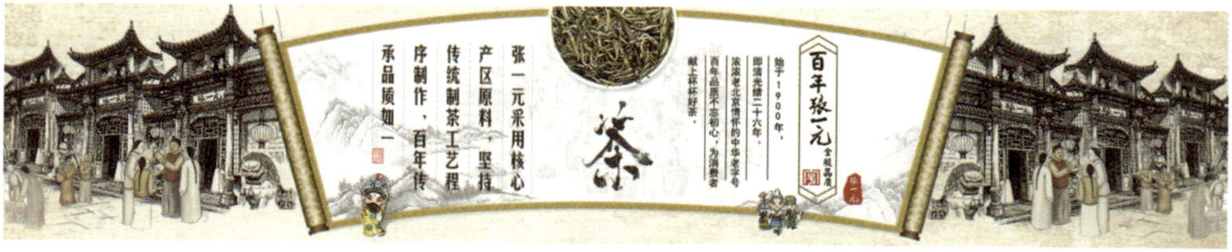

图4-9　张一元在京东商城旗舰店首页海报

张一元在京东商城和一号店都有自己的旗舰店，茶叶的价格在一二百元的居多，也有一些百元以内的和五六百元的。在网上商城的竞争中，张一元作为老字号，尤其是知名的老字号，具有很大的优势——由于网上购物无法亲眼看到商品，鉴别商品的质量，所以有一个高品质保证的消费者口碑是提高销量的重要前提。这一点上，张一元的“金字招牌”就已经向消费者保证了质量，对消费者也是巨大的吸引力。

另一方面，张一元网上旗舰店使得张一元频繁地接触年轻消费群体，有利于借此机会发展年轻消费者，开拓新的市场。而且这种方式也扩大了张一元在全国的品牌知名度，在张一元实行连锁加盟的经营模式下，能够更快地扩展到全国。

在90年代，茶叶行业已经步入到批量化、标准化的生产阶段，老式的口感、观感的评判方式被精确的科学数据监测替代。张一元主动把自己的茶业送到质检部门进行现代化的数据监测，靠科学的数据来给自己的健康茶叶作证明；而在平时，张一元的每一批茶叶都会做品质鉴定，保证茶的口味。在这一点上，张一元坚持一个信念——在同行业当中，别人做不到的，我就要做到。

③进军电商

现代社会，消费者的购物习惯开始倾向于网购，电商也因此成为众多企业进军的下一个市场，各大品牌也开始在电商领域展开激烈的竞争。比如塘栖法根食品的传人李婷成立了法根电商团队，在大学时期就开始法根食品网络营销探索。她说“第一年利润仅几百元，去年中秋达到了十几万元”。

④人才培养

人才是企业生存和发展的力量源泉，而现代企业的竞争也是越来越表现为人才资源的竞争。对中华老字号来说，人才更加重要，要求也是更加严格的，因为老字号不同于一般品牌企业，老字号的技艺大部分是口口相传的，并没有在社会上进行大规模的学习，这就要求老字号在挑选人才时，首先要看他是否掌握这门技艺或者学习的资质如何，有没有对这门技艺的热情。

人才对张一元来说同样十分重要，传统模式下的张一元的人才多是通过多年的实践，在老人的指导下培养出来的。而近年来，张一元对人才的重视程度也是一直在上升，人才培养机制逐渐完善、成熟。

张一元连续多年强化员工的文化知识、商业知识、业务技能等，并按照ISO 9002的要求，制定并实施了全公司各岗位人员的任职标准、要求、考核办法，并坚持每年两次的员工培训制度，每月一次的技术练兵考核制度，每周一次的员工学习制度，使员工素质得到不断提高。现在公司已有58.2%的人获得了中专以上文凭，有22.6%的员工获得了劳动社会保障部门颁发的评茶员专业资格证书，有94.8%的一线员工获得了中级营业员证书。

（3）张一元的振兴对我国中华老字号的启示

张一元能够做到今天这一步，最重要的就是张一元十分重视品牌形象的树立。勇于创新，敢于尝试摆脱老字号的守旧印象，这对于那些仍然处在经营困境的老字号来说具有很大的借鉴意义。在市场竞争中，往往都是挑战与机遇并存的，老字号要抓住这次机会，给自己一次涅槃，这样才有机会成为永远的老字号。

老字号，是中国文化不可或缺的一部分，它既是中国文化的凝结，也是中国历史的见证者，留住老字号就是留住历史。

也许有人会质疑：为什么国外的老字号发展成了奢侈品，成为了世界市场的宠儿，而中国的老字号却依然在为生存担忧。历史是公平的，任何企业、老字号的发展都不会是一帆风顺的，这些人没有看到国外老字号在探索生存道路的时期，到底有多少成为了历史的过客。探索需要时间的检验和磨练，那些经得住时间检验的老字号才真正有底气、有能力代表中华文化走向国际舞台。

3.保护老字号的意义

老字号蕴含着传统文化的气息，是民族精神的物化，是民族历史的载体。人们之所以对这些老字号感情深厚，不仅仅是为了购物，更主要的是老字号具有独特的历史文化风情。尽管老字号存在着这样那样的问题，但对于老字号来说，它最大的优势在于作为传统文化和民族精神的物化形态，老字号更容易引起消费者的情感共鸣。在经济发达的今天，商品供不应求的时代已经过去，面对琳琅满目的商品，消费者看重的不仅是其核心价值，而且还包括它们所能提供的附加产品价值。这个附加产品价值中就包括文化价值和情感价值。

老字号是传统文化的宝贵遗产，是中华民族的文化瑰宝，是近代民族工商业的历史见证，我们应该从振兴民族工商业、发展民族经济和弘扬传统文化的高度重视和保护老字号。

（1）保护的意义

①老字号是历史的见证

老字号的演变具有历史研究价值，它承载着传统的文化气息、民族风情、地域特征，它已经不是一般商业意义上的“买”和“卖”，人们去老字号购物，不单纯是为了购物，还要去感受它的文化气息、了解它的历史。保护好老字号对于研究中国古代、近代商业文化具有典型意义，因此保护老字号，就是保护历史。此外，老字号的产品也具有研究价值和保存价值，像同仁堂的药丸、王一贴的膏药，都具有一定的科学研究价值；而瑞蚨祥的旗袍、王星记的扇子等，都凝结着我国传统文化的精华，极具美学鉴赏价值。

②老字号是一个城市的标志

老字号可以说是一个城市的代表或象征，给人一种文化的意味，历史的感觉。保持一个城市甚至一个国家的特色，其根本在于拥有自己的传统特色。老字号因其具有深厚的文化底蕴和文化价值，因此成为一个城市和地域的标志。随着具有浓郁文化特征的传统老字号的日趋减少，城市之间的商业文化和城市特征在日益趋同，城市也正在失去其文化个性。老字号招牌，与历史名人、名物一样，是一个城市的宝贵历史遗产，它记载着经济社会和城市的发展，是城市文化底蕴和魅力的具体体现。保持一个城市的特色与保护好这个城市的商业文化，特别是传统老字号企业和品牌文化有着较为密切的关系，因此保护老字号就是保护自己的传统。保护老字号和向现代文明发展并不矛盾，相反，具有浓厚传统文化气息的老字号正是一个城市向现代商业文明发展的底气。

③老字号是一种传统文化资源

我国的老字号企业在振兴民族工商业、繁荣市场、弘扬祖国传统文化等方面发挥了重要作用。老字号的价值有两种：一是商业价值，二是文化价值。比较而言，后一种价值对于今天和以后的社会发展有着更重要的启迪作用。无数事实已经证明，企业之所以优秀在于他们具有一系列独特的文化特征，这些独特的文化特征包括：企业理念、经营宗旨、社会价值观及道德观念等。有专家指出，民族工商业者创造的精神财富远远大于他们创造的物质财富。老字号的存在动辄以百年计，之所以有如此强大的生命力，在于它以诚待客：表现在生产上，就是货真；表现在销售商，就是价实。货真价实，童叟无欺，诚信经营，这种商业文化发人深思。这种诚信文化，从历史的角度来讲，中外相同，古今相同。在传统商人那里，经商赚钱不过是修身的一种途径，不能为赚钱而赚钱，更不能赚昧心钱。这种集诚信观、义利观、名誉观于一体的传统商业文化和商业伦理，正是时下的商界所缺失的。老字号传承下来的传统特色、地域特色是一种文化资源，也是一种文化景观。在21世纪，企业的竞争在一定程度上体现在文化对消费者的征服上。因此可以说，保护老字号既是对传统文化的保护，也是为了企业更好地发展。

（2）保护的内容

①保护老字号的店铺名称、匾额楹联、招幌等商号标志

中国有着非常丰富的店名文化，老字号的店铺名称、牌匾楹联、招幌等既是商号的标志，同时又代表者某种文化底蕴和商业信誉，其文化品味之高，是现在的新兴企业所望尘莫及的。中国传统商家对商号的命名十分慎重，字号不仅要代表企业的特征和文化，还要有视觉上的美感，读起来平仄通畅，朗朗上口。由于儒家文化在中国家喻户晓、根深蒂固，因此以儒家的社会伦理道德和行为规范为主要内容的字号，是商家的主要价值取向。像“大顺斋”“内联升”“同仁堂”“全聚德”“谦祥益”“大德通”等字号，代表的是一种追求吉祥、平安、持久、发财的心理状态及求稳、求和、稳重而又求发展的价值取向。也有一些字号出自历史典故或历史传说，像“瑞蚨祥”的名称出自晋代志怪小说《搜神记》中一种母子感应的昆虫——青蚨。相传，青蚨形似蝉，假设被人偷走了它的卵，不管多远，母青蚨也知道藏卵的地方。用母青蚨或者子青蚨的血“涂钱各八十一文，每市物，或先用母钱，或先用子钱，皆复飞归，轮转无已”（《搜神记》卷十三“南方有虫”条）。意思是说，钱花出去，还能飞

图 4-10　瑞蚨祥品牌标识

回来，青蚨成了钱源茂盛的象征，这就是著名的典故“青蚨还钱”，瑞蚨祥正是用这神秘的古老传说中的昆虫“青蚨”来命名的。都一处烧卖馆，开业于清乾隆三年（1738），传说乾隆皇帝除夕夜微服私访，当时都城内只有这一处饭馆还在营业，于是为之题名“都一处”，今天在店门前树立的一组铜像，仍然在形象地表现着这个传说。也有的字号用创业者的姓名来命名，如王致和臭豆腐、张小泉刀剪店等。还有的是取自名人的诗句典章，胡庆余堂的店名“胡庆余”取自对联“向阳门第春常在，积善人家庆有余”；“登瀛楼”饭庄，“登瀛”二字取自《史记·秦始皇本纪》“海中有三神山，名为蓬莱、方丈、瀛洲，仙人居之”及李白《梦游天姥吟留别》诗中“海客谈瀛洲，烟涛微茫信难求”之句，又参照了唐太宗为网罗人才，作文学馆为登瀛洲的典故而取名，既显示家乡山东地名，又富诗意。字号名称充分表现出汉字的丰富、生动的表现力，是老字号传统文化中的重要组成部分。《毛泽东文集》第七卷就有“历史名字要保存……瑞蚨祥、同仁堂一万年要保存”的记载。

除了字号外，老字号企业大多还悬挂具有自己特色的匾额、楹联和招幌。匾额和楹联的书写十分讲究，一般是请当时的社会名流或文人雅士来书写。楹联的内容与商家字号的意义相一致，一般是对字号的意义作进一步的诠释。如同仁堂大门外的楹联写的是“炮制虽繁必不敢省人工，品味虽贵必不敢减物力”；陈李济的木质楹联是“火兼文武调元手，药潇君臣济世心”；江南药王——胡庆余堂的创始人胡雪岩亲笔书写“戒欺”牌匾，挂在店堂面向账房的位置。这些楹联匾额不仅书法技艺堪称精妙，在内容上也融入了各个字号的文化内涵和经营理念。

一些老字号为招揽顾客，在门前悬挂各种样式的幌子，既装饰了门面，又起到招揽生意的作用。如酒铺前挂一副幌，上面书写一个大大的“酒”字，当铺门前悬挂一个大大的“当”字，酱园店门前写一个“酱”字。

字号、楹联、匾额、招幌共同构成了老字号企业的店名文化。

②保护老字号的店规、店训

传统老字号的商业道德观念具有示范教育价值。传统老字号那种对工艺追求精美、质量要求上乘、服务务求周到、诚信苛求永恒的商业道德观念，是其久负盛名、经久不衰的秘诀，也是我们今天在市场经济条件下经营主体应当学习、借鉴、继承和弘扬的。老字号的店规行约既对商家行为进行有力的规范和约束，同时也是商家的行为文化，其中既有合乎儒家伦理道德的商业文化，又有符合商业规律的具体要求。尤其值得注意的是，店规行约本身就是形式与内容结合得很好的文化现象。不少商家有意张贴，镌刻店规行约，既是提醒大家时刻牢记、认真遵守，同时也是一种对外宣传的手段。瑞蚨祥的铺规有27条，用工笔楷书书写，挂在墙上。这些铺规，把对店员的一切要求用条文固定下来，所有店员都必须遵守。在经营方面，瑞蚨祥的经营宗旨是“至诚至上、聚而不散、仁德至上”，同仁堂的经营宗旨是“同修仁德、济世养生”，胡庆余堂的经营宗旨是“戒欺”。这些店规是老字号的魂，体现着我国传统文化中的“诚信”思想，正是靠着这些经营思想，老字号创出了自己的声誉。

③保护老字号的绝活、绝技

老字号的核心竞争力是独有技术，靠着这些独有技术和传统工艺，老字号生产制造出独具特色的产品，像王星记的扇子、一得阁的墨汁、全聚德的烤鸭、月盛斋的酱肉、同仁堂的中药，这些产品能够在同行中独树一帜，归根结底是由于每个企业在生产、加工上都有自己的“绝活”，这些“绝活”一般密不外传，大都是家族内部一代一代传下来，也有的是靠师傅带徒弟的方式一辈一辈传下来。这些独特工艺就是老字号的“根”，如果失去这个“根”，老字号也就失去了竞争力。所以保护老字号的一个重要内容就是保护传统工艺，而且是原汁原味的保护。现在人们到老字号购买产品，就是要买到正宗的、原汁原味的、地道的老字号产品，所以为了保护老字号的竞争力，同时也为了使老字号保持住自己的特色，应当尽快抢救那些濒临失传的传统工艺。这些工艺不仅仅是一门技术，从传统文化的角度来讲，它们还是珍贵的文化遗传。

④保护老字号的建筑

传统老字号的古建筑是传统文化的物化形态，有着多方面的文化价值，古朴、典雅的老字号建筑是老字号存在与发展的实物载体。杭州胡庆余堂创建于1874年，其建筑的木构件均选用银杏、樟木，百余年来保存完好，梁枋、隔扇、裙板雕饰精细，有人物、花卉、凤鸟等图案，堪称老字号中的建筑精品。还有平遥古城内的日昇昌旧址，院落格局完整，建筑、装饰如故，具有明清商业建筑特征和山西地方特色，被列入世界文化遗产名录。这些老字号的建筑不但为研究老字号的历史提供了实物资料，还成为现代化城市中不可多得的文化历史符号。在我国现代化城市建设中，许多城市都在着力打造历史文化名城，中华老字号因具有丰富独特的文化内涵，将有利于提升城市的文化品位。对每一个老字号来说，保护自己原有建筑的历史风貌，实际上也就保障了老字号的生存与发展。从旅游文化的角度看，因老字号的悠久文化具有独特的魅力而成为一种旅游文化资源，可以成为宣传传统文化的载体。比如汇昌所在的塘栖古镇并不缺少历史文化的内涵，而是缺乏深度挖掘和广泛传播，借此可以提升品牌价值。

4.百年汇昌的发展建言

通过国内外老字号的对比，我们不难发现，每一个从历史洪流中挣扎着跑出来的百年老字号只有顺应着历史发展的潮流，才能维持长久的活力，这一过程既有痛苦，也孕育着新生命。如今，老字号振兴问题已经引起全社会的高度关注。整体来看，一方面老字号从根本上要进行产权改革、制度再造，为老字号注入发展活力；另一方面就是老字号本身要增强自我造血功能，自己拯救自己，在文化上进行脱胎换骨的改造，实行全面创新，实现向现代品牌的成功转换。因而，在互联网迅速发展的今天，百年汇昌也可以参考以下几点，寻求更顺应时代潮流的革新发展之道。

（1）寻找合理的“生态位”

根据生态学理论，在一个生态圈中，各种大小生物生活在一起，相互联系、相互制约，构成一个平衡系统；生态圈中的每一种生物都有特定的生态位，即每种生物对资源（食物种类、食物大小等）以及环境变量（温度、湿度等）的选择范围都构成一个集合；生态圈中的动物捕食有“特化”和“泛化”现象，所谓“特化”，即在食物丰富的环境中，捕食者放弃劣质的食物（如某些哺乳动物的单食性），所谓“泛化”即当优良的资源不足时，捕食者往往形成杂食性或广食性。

社会经济系统构成一个生态圈，在这个生态圈中，各种企业群居在一起，相互依赖和相互竞争；每一个企业周围都有自己的顾客、供应商、联盟者、协力者，也有竞争者、入侵者、替代者；有些企业吃专食，有些企业吃杂食。

老字号企业诞生时的生态环境与现在的生态环境发生了本质的变化，要想在新环境中生存，必须在分析新环境特点的基础上，找准能够发挥自己优势的生态位，即确立自身的战略定位，这是老字号向现代品牌转换的前提条件。只抱着过去老一套文化、产品、经营与服务方式不放，不能因时、因势而变，肯定被淘汰；勇于改变，却没有既定方向，本来某种“专食”足以享用，却无端延伸或滥用“品牌”，经营“泛化”，最终也只能走向毁灭。

（2）制定科学而前瞻的品牌战略

老字号要实现向现代品牌的转换，必须在进行战略三角（自身、顾客、竞争者）分析的基础上，制定科学而前瞻的品牌发展战略。

第一，适度的规模化战略。老字号要追求现代品牌的规模效应，突破手工作坊式的小生产规模，通过加大科技含量，规范技术生产流程，扩大规模，发挥连锁优势。当然，老字号不宜盲目求大。因为多数老字号企业经营虽有特色，但生产技术基础较差，市场也有限，一时盲目求大，则会欲速不达。品牌企业不一定是大企业，但必须是强的企业。老字号应追求品牌个性化基础上的较高目标市场占有率。

第二，谨慎的多元化战略。老字号向现代品牌转换过程中，应在洞悉市场变化和技术变化的基础上，不断推进产业升级和产品创新，甚至通过必要的品牌延伸，实行多元化经营探索，以实现企业进化、转型或扩大市场，世界上很多品牌从小到大都经历过这一过程。但品牌由一元化到多元化的跨越是生死赌注，要么成功，要么失败，因此老字号实施多元化战略应十分慎重。有必要进行品牌延伸时，要对核心品牌有客观认识；延伸品牌要准确定位，强化与核心品牌的关联度；坚持品牌理念的一致性，不要与核心品牌的核心价值相抵触、相冲突；延伸品牌的产品质量、服务应与核心产品相一致；延伸要考虑自身资源、推广能力限制，尤其不能随便进行品牌输出、委托、吸收加盟，应对延伸品牌进行严格管理。

第三，积极的国际化战略。真正的品牌是国际化概念。老字号要向现代品牌转换，必过国际关。中国老字号多数有很深的文化底蕴和文化魅力，具备向现代品牌转换的基础要素。因此，老字号应在不断放大自身文化含量的同时，在技术国际化、资本国际化、资源国际化、市场国际化、人才国际化和管理国际化上下功夫，使老字号品牌既符合国际通用标准的简单标准化产品和服务，又不失中国文化风格。

（3）创新品牌核心价值

品牌核心价值是品牌营销传播活动的原点。如P&G对其旗下品牌的核心价值确定得十分明确：舒肤佳是“有效去除细菌、保持家人健康”；潘婷是“健康亮泽”；护舒宝是“更清洁、更干爽的呵护感觉”。尽管这些品牌产品不断创新，广告不断推新，但核心价值的承诺总是一脉相承。

世界著名品牌都有自己的核心价值。劳斯莱斯是“皇家贵族的坐骑”；宝马是“驾驶的乐趣”；沃尔沃是“安全”；雀巢咖啡是“味道好极了”；万宝路是“西部牛仔雄风”；诺基亚是“科技以人为本”；吉列是“男人的选择”。

“2005 CCTV我最喜爱的中国品牌”（40个）中，每个都具有个性鲜明的核心价值。如美加净“一切靠品质说话”，联想“让世界一起联想”，南孚“电力强劲更持久”，同仁堂“同修仁德，济世养生”，茅台“酿造高品位的生活”，格兰仕“努力让顾客感动”，李宁“一切皆有可能”，长虹“打造感观标准的长虹”，海信“有爱科技也动情”，统一润滑油“多一些润滑少一些摩擦”，等等。

老字号在向现代品牌转换中，其核心价值也要与时俱进，在传承的基础上实现创新，体现时代精神。具体说，应符合以下几个条件：一是要有独特性，即独一无二，容易识别，不可模仿；二是要有人文性，体现对人类的终极关怀，震撼人的内心深处，拉近品牌与人类情感的距离；三是要有可执行性，作为一种价值主张，不仅要得到消费者认同，而且能够具体物化在产品与服务中；四是要有兼容性，既能兼容其所有的产品，又能兼容不同人的情感，使之能够不断演绎下去。

图 4-11　百年汇昌糕点

食品是有温度和情感的，才下舌尖，却上心头。正如2018年重阳节来临之际，“百年汇昌”掌门人虞铭在朋友圈里发的留言：“明天是重阳节，忙着做栗糕，经营传统食品很辛苦，不会一夜暴富，但可以很开心，很淡定。”

（4）制造具有独立知识产权的“品牌黑箱”

多数老字号长期独立经营过程中，都形成、创造并积累一些特有技术，如秘方，特殊工艺、设备，独特生产流程和业务流程、独特的服务技巧等，这是老字号的自有知识产权，是老字号宝贵财富的重要组成部分。但由于这些特有技术财富不够规范，多数靠师父与徒弟之间的口头传承，加之保护不力，已经有很多失传、错传、泄密，严重影响到老字号的发展。

为了快速形成老字号的品牌竞争力，要在传承和创新文化、强化管理、形成较强的文化力和管理力的同时，提升技术力。其重要途径之一就是要保护和开发独立知识产权，制造“品牌黑箱”，就像可口可乐有神秘的“7X”一样。可口可乐公司将此配方视为最高机密，秘方的记录存放在该公司的保管库里，只有少数几个高级主管知道，安全措施非常严密。为了避免“7X”不小心失传，公司甚至有令，不准这几个人搭同一班飞机或汽车。神秘的“7X”加上可口可乐的商标，造就了可口可乐的神话。我们的老字号，如同仁堂的一些特殊配方和工艺，全聚德的制作鸭坯的特有技术、烤鸭设备，月盛斋的“调料包”等，都可以与现代技术对接，推进技术创新，使原有零散的不规范的技术标准化、规范化，形成自有独立知识产权，在此基础上制造出“品牌黑箱”。

注重研发创新。美国著名的食品公司——卡夫食品，在全球的产品研发中心就有6个，每年投入到新产品的科研费就达到销售额的15%；当今世界的三大饮料中，英国立顿是全球最大的茶叶品牌，专门成立了专业的产业研究所，从茶园里鲜茶叶的初加工到新产品研发，投入了大量的科研经费，致力于研究茶叶对于人体的健康益处和茶叶的活性成分。在产品创新研发的基础上，依靠茶叶拼配技术和包装技术，颠覆了传统的饮茶方式，避免了传统茶叶冲泡时间长、冲泡程序复杂、茶渣不易处理等弊端，在彻底解决茶叶的标准化和大规模生产的同时，保持了茶叶的优良品质，赢得了市场，仅立顿一家的茶叶年产值就是中国整个茶叶年产值的七成；美国、加拿大等国的食品加工一方面引入不同民族的食品加工，另一方面积极推出便捷食品，如“保鲜餐”“全餐配备”“速配餐”“即食汤”等等，以及一些健康食品，如低脂、低盐、低糖食物等；同时保健（功能）食品的生产也成为发达国家的重点趋势。

有了“品牌黑箱”，既有利于知识产权的保护，也有利于品牌营销与传播强化品牌联想和品牌神秘感，突出品牌个性，树立品牌形象，提高品牌的文化魅力和消费者对品牌的忠诚度。

（5）注重加强企业间的合作

企业联合是食品产业扩大规模、提高集中度的有利方式，发达国家主要通过联合和并购的方式实现生产集中，且更加注重管理上的创新。食品工业发达国家的企业联合主要有纵向联合、横向联合和异质合并三种。纵向联合最成功的是美国的鸡肉饲养：加工、销售、饲料供应一条龙，这种农工商一体化模式，既有松散的合同形式，也有紧密地以产权为纽带的联合体。

以龙头企业为核心，推进集聚发展。利用集群化生产促进规模效应的集成，改善“小、低、散”的情况，推动中小企业与大企业之间的紧密合作，加强双方的分工协作关系，优化产品结构，着力发展一批竞争力强的食品项目。

（6）采用现代营销方式

老字号要成功实现向现代品牌的转换，必须转变传统的营销方式。有人把北京八大祥之首的瑞蚨祥与世界零售巨头沃尔玛做过一个比较。瑞蚨祥有百年历史，起家于繁华的大栅栏，最繁盛时有30多家店铺，但今日只有一店且门庭冷落。沃尔玛有几十年历史，起家于只有6000人口的阿肯色州一个小镇，如今却有4000多家店，销售超过2800亿美元。据说当初沃尔玛创立时的灵感来自于瑞蚨祥，他们发展的共同理念是诚信、质量和低价，但由于采用不同的经营方式，现在两家发展规模和品牌效应出现了天壤之别。

实行现代营销方式，尤其是连锁经营方式，推广统一采购、配送，统一形象，统一标准规范，统一经营手段、服务方式，是老字号现代化品牌道路上的必然选择。

在发达国家，许多食品加工产业利用互联网来提高购买效率，节约物流成本。例如一家由美国五十家著名食品公司组成的“TRANSORA”网络市场，就是一个企业间的网上交易市场，其联合采购能力为4000亿美元。这个网络除了用来采购原料以外，还能用来监控库存和管理工厂，在很大程度上节省开支；在国内，一些公司也进行了积极探索。如上海戒糖公示确立了“上控资源、中控物流、下控网络”的战略思想，以资源和网络为基础、物流配送和电子商务为手段，大大提高了食品的销售量，并且通过网络对食物品牌进行宣传，提升了品牌价值。

（7）保持创业激情、年轻的商业年龄和品牌形象

老字号的自然年龄较长，少则数十年，多则一二百年、乃至数百年，很多老字号引以为豪。打开中国老字号的网站多数第一句话就是告诉你我有多少年历史。正是由于“老”才使他们缺乏创业激情和创新精神，倚老卖老，在市场上一幅老态龙钟的形象。当我们喝可口可乐时没有人会觉得它有一百多岁，那种“随时随地让你为之精神一振”的品牌承诺，让你永远感到充满激情，永远年轻；当我们喝雀巢咖啡的时候，往往为它的香浓美味所陶醉，也没有人会觉得它会有138岁的年龄，这就是中外老字号的根本区别。现代品牌应是一棵常青树，品牌越悠久，文化底蕴越深，历久弥新，形象越应鲜亮。

（8）利用互联网技术，线上、线下相结合

面对互联网经济的大潮，老字号如何适应新经济和新模式，实现转型升级，是所有传统行业都将面临的关键问题。2016年，阿里研究院曾推出“2016年度中华老字号电商百强排行榜”，从行业分布来看，入围本次中华老字号电商百强排行榜的品牌，主要分布在食品餐饮、酒类、茶叶、日用家化、服装鞋帽、中药、文化乐器等行业，其中又以食品餐饮为最，汇昌作为传统食品类老字号，发展潜力可谓十分巨大，同时榜上许多老字号品牌的成功也给汇昌走上互联网之路带来启发。

① 商品售卖同步：打通商品销售信息，实现线上、线下同步同商品、同库存、同价格，确保消费体验。做到线上、线下一体化运营，提升门店坪效，线下门店与线上网店互补导流。解决门店商品与网店商品不一致，导致顾客消费体验差、满意度低的问题。汇昌目前在线上销售方面做得还不是很好，想要在网上购买还是

有些困难的。相比之下，法根糕点在天猫有售，这样前往塘栖游玩的人在品尝糕点之后，若回家想要购买就不用特地赶往塘栖，在网上便可以下单购买。

② 营销活动同步：交易订单线上、线下互补，运营网店下单门店可取货，门店缺货线上可代发；促销活动线上、线下同时适用；手机发券门店可核销，门店优惠网店可同享。解决门店商品缺货、断码导致的订单流失问题，解决营销活动在线上、线下无法同时进行的尴尬。

③ 会员信息同步：注册信息、会员身份、等级权限、资产积分线上、线下实时共享，门店、网店自动同步，通过二次营销提升会员复购频率，深度挖掘会员潜在价值，提高会员粘性。解决会员信息无法线上、线下自动同步的问题，解决门店顾客消费即走无法留存的难题。

④ 销售数据同步：线上、线下双向互通即时同步，门店网店数据统一，同商品、同数量、同价格、同库存。统合多个渠道的会员、交易、商品数据，让数据形成闭环，实现更高效管理。一举解决线上商城与线下门店数据不互通，销存数据、会员数据无法统一管理的难题。

⑤线上宣传：作为中国第一家化妆品企业，谢馥春老字号借助天猫直播等创新营销形式，在天猫连续推出多场直播，边化妆边与年轻用户畅聊，介绍产品，拉近与年轻用户的距离。许多老字号品牌拥有自己的官方网站，通过互联网更好地介绍品牌文化与产品信息，不断吸引新的消费人群。

⑥创新零售新形势、新内容：依托于天猫提供的一系列技术和营销解决方案，五芳斋首次实现了重构供应链的新零售尝试。端午期间，登录天猫五芳斋官方旗舰店页面，用户可选择甜粽、咸粽两大类和鳗鱼、奶黄、牛腩、南美对虾等多种创新口味，不同食材的粽子在端午节期间通过天猫能够实现超过10000种创意组合，实现了视频领域的“私人订制”。与此同时，在线上还能送出语音祝福。五芳斋还牵手同在1688品牌站的客户迪士尼，推出迪士尼经典动漫卡通和漫威电影中的经典人物系列礼盒粽子，销售额轻松破亿，一举从传统老干部转型成了网红小鲜肉。食品消费升级，一些平民食品已逐渐成为中高端消费人群的送礼佳品。迎合当下消费者求优求新的消费心理，依托扎实的品牌内涵，创新销售内容，完成产品的“升级”。

中国的老字号应该忘掉自己的年龄，即老字号应该年轻化，找回创业时的激情，在战略上要有前瞻设计，以创新的思维，创新的经营，时刻保持年轻的心态和年轻的商业年龄，这是向现代品牌转换的关键。

因此，至少在理念年轻化、体制年轻化、管理年轻化、技术年轻化、经营方式和服务方式年轻化、形象年轻化、品牌年轻化等方面进行详细设计，系统推进。当有一天老字号真正忘掉了自己的历史年龄，有了更年轻的商业年龄，赢得了更多的青年忠诚顾客，老字号在现代品牌的道路上才有了新的生命。

（9）实施产业延伸与升级

随着各种生产经营主体市场意识的加强，品牌和商标从最初所赋予的识别功能、促销功能向信息传递功能、价值功能、形象功能的综合功能转变。作为地道的中华老字号，王致和老字号依靠臭豆腐起家，在波折中发展。现在的王致和在发展传统产品的基础上，不断开发新产品，从原来的臭豆腐、腐乳到现在的火锅调料、特制料酒、纯芝麻酱等新产品，从日常食品出发，不断满足消费者的各方面需求。固定的几样食品就算做得再好也会让人失去新鲜感，在坚持主线食品的路线上，利用自己的特色开发新的副线产品，给消费者更多的选择。现在食品老字号的消费偏向低端，但全聚德从一开始的挂炉烤鸭到现在以烤鸭为主的高档餐饮，是实现产业升级的一大经验。从产品类型上看，现在的食品贩售以零售为主，小零食类的产品很难发展到这样的规模，但我们可以尝试推出礼盒精装等新的产品销售模式，让消遣小食向高档礼品转变。

通过延伸，不断拓宽品牌范围，建立和完善自己品牌的体系，增强对消费者的吸引力，如卡夫食品旗下就有许多子品牌，满足不同群体的口味需求。

（10）紧抓安全质量

强化品牌自律，开展信用建设，大力开展宣传从业人员的培训工作。让食品生产者、食品销售者明确自己的食品安全管理责任，切实履行法定义务，维护食品安全。

（11）工业旅游发展模式

我们都知道，哲学三大问题：我是谁？我从哪里来？我将到哪去？一直是芸芸众生思考的问题，这也成了最能引起人们注意的问题。而XX是怎么来的这个问题则最能激起人们的好奇心。为了解决这一问题，很多企业搞起了工业旅游。想了解这些知识，除了通过书本，深入现场亲自参观、体验可能是更好的方式，工业旅游就能很好地满足这种需求。伴随着人们对旅游资源理解的拓展，工业旅游逐渐成为一种旅游新概念和产品新形式，对原有的工业遗产进行保护、开发和再利用，赋予其旅游价值。

人们一般认为，工业旅游只是一个工厂、一个景点的事，但国内外不少案例显示，整个城市都能借此获得新的增长动力。德国鲁尔区就是一个鲜明的例子。据了解，鲁尔区曾有发达的工业，经济大萧条后，大量工厂倒闭，正是通过发展工业旅游，城市实现了由工业之城向旅游设计之城的转变。那些曾经的工业区，旧建筑外观被保留，内部则改造成具有现代艺术气息的博物馆。这还相当于提供了一个如何将现行生产资源或已废旧闲置工业资源就地转换为旅游等新资源的案例。

数据显示，国内近年来涌现出的工业旅游点中，年接待游客超百万已成常态。然而，跟欧美发达国家15%以上的大中型工业企业都会开展工业旅游相比，我国工业旅游还处在萌芽阶段。一些企业不了解工业旅游，还有更多企业则是缺乏对工业旅游的正确认识，瞧不上工业旅游。“实际上，工业旅游对企业而言可谓是送上门来的综合效益。”国家旅游局副局长李世宏这样形容。

民众对于各种化工项目有天然的恐惧感，相关项目建设很容易激发强烈的反对声。而发展工业旅游不能简单地做加法，而需具备三个基本条件：一定的工业基础；一定的规模和特色；企业本身具备较强的文化积淀和品牌意识。尤其是最后这一点，“只知道过好眼前‘小日子’的企业很难在工业旅游上有所作为”。事实上，针对以上三个基本条件，百年汇昌老字号已经初步具备了。但作为跨界融合的产物，只是简单做加法，工业旅游同样搞不好。据了解，国内有部分企业采取临时抽调工人充当讲解员的方式，内容单调乏味，游客自然缺乏兴趣。美国的好时巧克力公司返聘退休工人并加以专业培训，让他们结合自己多年来的亲身感受进行讲解，很有说服力。还有海尔、青岛啤酒，则是招聘旅游相关专业大学生来担任讲解员的方式，反馈也不错。

工业旅游破题不难，但要出精品，还得从优化空间布局等更高层面加强统筹规划。有兴趣的朋友可以看看以下经典案例，也许或有所收获。

① 荷兰风车小镇：老工艺的第二春

2016年5月，有一部叫《百鸟朝凤》的电影吸引了许多目光。该片主要讲述了德高望重的唢呐老艺人焦三爷带领徒弟们用执着的热情与坚定的信仰，追求和传承唢呐精神的故事。电影表现出对传统手工艺逝去的浓浓担忧，同时也给出了一种保护模式。

无独有偶，荷兰正好有个工业旅游小镇，讲述着类似的故事。传统的木鞋工艺在这里成为旅游项目，不断重复的木鞋制作过程吸引了许多游客的注意力，让游客充分了解木鞋的制作过程。当然这里也是产业融合的一个旅游方式，这里还展示了奶酪的现场制作过程。游客现场购买木鞋、品尝奶酪，为传统的手工艺复兴制造了新的契机。

这个案例可以供许多老字号产品企业借鉴——中国有的是百年以上历史的酒庄酒厂、醋园茶厂、食品生产加工、手工艺品制作企业等。

② 爱斐堡：新型工业旅游模式

张裕爱斐堡国际酒庄自2007年6月落成，开创了一个集酿酒、旅游、休闲以及葡萄酒知识培训等多种功能为一体的综合性国际酒庄，酒庄原生态地再现了欧洲葡萄酒文化，让消费者不出国门便能体验法国古朴的酒庄式生活，释放都市生存压力，提升生活品质。

除了传统的工业旅游参观项目，爱斐堡融入了博物馆、休闲度假、影视娱乐、婚纱摄影、专业知识培训等，为工业旅游开展的横向发展提供了新的借鉴，可以借鉴给许多享誉国际的大品牌，例如贵州茅台、承德露露等，它们完全可以操作类似的活动，将自身的企业和整个区域的旅游品牌牢牢捆绑、深度融合。

③ 798厂区的创意模式

鼎鼎有名的798艺术区，堪称国内工业旅游发展的一个典范，也是探讨国内工业旅游发展不可能绕过的话题。

798艺术区的前身是“一五”期间建设的北京华北无线电联合器材厂。2000年12月，该厂区多家分厂整合重组为北京七星华电科技集团有限责任公司，由于资产重组，大量厂房被闲置。

2002年2月，美国人罗伯特租用了一处120平方米的闲置厂房，并将其改造成为前店后公司的模式。

罗伯特有很多艺术家朋友，他们在参观罗伯特的公司时纷纷看中这里的宽敞空间和低廉租金，于是陆续有艺术家租下了厂房作为工作室、画室、展示间、陈列室。

最终这里发展成为北京市地标类文化产业园区，酒吧、餐厅、咖啡店、书店、画廊等经营场所点缀其中，这种模式也带动了国内一大批形形色色的“文化创意园区”。

尽管研究工业旅游“言必谈798”，但是我们必须看到其中一些问题——798园区早期完全是自发形成、自主规划的产物，而后期随着园区的名声鹊起，大量资本进入了园区，短时间内就炒起了园区地价，并拉高了园区内的消费。经过多次整改修缮，目前的798厂区一片簇新，反而失去了原有的古朴沧桑气息和创意感，在本来的主要游客群体、主要消费者群体——本地附近居民和在京大专院校师生中，798园区的美誉度开始出现下降。

如何在引进资金促进发展的同时，尽量让创意工业园区保持原有风貌和品牌形象，这需要长期稳定的规划和引导。

工业旅游源自国外，我们应当洋为中用，加以借鉴。同时国内有许多先进的例子也是我们不应忽视的，把资源整合实现共赢，是工业旅游发展的关键。因而，百年汇昌也可以结合自身优势及本土资源，将模具馆DIY糕点、小镇文化旅游、品美食、参观制作场地等形成工业旅游线路，融入企业的品牌文化，让游客切身体验其中魅力，以文化带动变革，以变革提升文化，开辟一条新型发展道路。

结　语

运河穿镇过，塘栖故事多。史书记载，“负塘而栖”，故名塘栖。作为全国千强镇、浙江小城市培育试点，今天的塘栖，是浙江工业强镇，规模以上工业年总产值超124亿元；今天的塘栖，还是我省现代农业活跃地，每年仅“塘栖枇杷节”和“超山梅花节”的直接经济收入就高达1.5亿元。

但吸引我们的，还是今天塘栖的精神富有，这里是中国故事之乡的繁盛地，10万百姓居于此，品文化、传文化、写文化，在生活富足的同时精神愉悦。这份成就和满足，让塘栖人觉得，所谓“负塘而栖”，这“塘”其实应该是“糖”才对。这“糖”，是餐桌上、生活中那些“像糖一样”的故事，他们从中找到了发展自豪感、生活幸福感、心灵归属感和社会认同感。

“不二价、不吹牛、不欺客”，虞铭说，百年老店最重要的就是诚信二字，要让老百姓始终如一地吃到传统的味道。“做不了500强，但可以再做500年。”这是虞铭持守百年汇昌的座右铭，同时也成为他挖掘商埠文化的一大航标。

“生活富裕了，才会有对传承的更多关注，而传承不仅是一种经济投入，更是一种人文投入，需要丰富细腻的感情，需要自身素质修养的提升。”虞铭说，“运河就是塘栖镇的精神文脉，任何一个细胞都缺失不得，否则，家就变了模样。”

参考文献

[1]葛玲燕:《百年汇昌,滋味江南》,《钱江晚报》2014年12月31日第3版。

[2]《浅谈中华老字号之崛起——五芳斋》, https://www.taodocs.com/p-266384153.html, 2019年6月4日。

[3]王赛时:《中华老字号的兴衰浮沉》, 2013年10月28日, http://www.doc88.com/p-9179977317124.html, 2019年6月5日。

[4]王成荣:《中华老字号的历史传承与品牌创新》, 2011年3月20日, https://wenku.baidu.com/view/5e230bb169dc5022aaea00df.html, 2019年6月5日。

[5]《中华老字号发展现状、问题及对策分析》, 2019年5月6日, http://www.doc88.com/p-0486379885606.html, 2019年6月5日。

[6]《张一元的品牌重振之路——试论中华老字号的传承与创新》, 2019年6月29日, https://www.renrendoc.com/p-20404050.html, 2019年6月30日。

[7]王成荣:《中华老字号品牌价值和优势》, 2012年10月24日, http://www.360doc.com/content/12/1024/21/6990831_243571616.shtml

[8]蒋豫生:《塘栖旧事》, 中国轻工业出版社, 2007年版。

[9]李晓亮、虞铭:《余杭商贸老字号》, 中国轻工业出版社, 2011年版。

[10]杭州市余杭区地方志编纂委员会:《余杭通志(第二卷)》, 浙江人民出版社, 2013年版。

[11]杭州市余杭区政协文史和教文卫体委员会:《余杭美食》, 杭州出版社, 2016年版。

[12]浙江省余杭县商业局:《余杭县商业志》, 浙江省余杭县商业局, 1988年版。

[13]余杭县志编纂委员会:《余杭县志》, 浙江人民出版社, 1990年版。

[14]浙江省杭州市塘栖镇志编委会:《塘栖镇志》, 上海书店, 1991年版。

[15]杭州非遗保护中心:《杭州非物质文化遗产名品》, 杭州出版社, 2016年版。

[16]施建秀:《浅谈杭州老字号——百年汇昌品牌蜜饯包装再设计》,《知识文库》2016年第12期。

［17］虞铭:《塘栖蜜饯》，浙江古籍出版社，2017年版。

［18］丰国需:《塘栖风俗》，浙江摄影出版社，2006年版。

［19］沈月平:《塘栖记忆》，浙江摄影出版社，2006年版。

［20］叶志锋、王昕、吴琳:《浅析运河商业因素对塘栖城镇发展的影响》,《城市规划》2010年第34卷增刊。

［21］王静:《运河与沿线城市商业发展探析》,《城市》2017年第7期。

［22］李晨初:《本色是书生》,《杭州商会》2010年第1期。

［23］俞斌飞:《塘栖古镇旅游品牌营销策略探究》,《北方经贸》2015年第1期。

［24］于倩、唐雪华、陈顺佼:《法根食品：做“师法自然、根本纯粹”的点心》,《市场导报》2015年12月1日。

附录

附录一：百年汇昌诗词

百年汇昌歌

八旬老人杨之强

岁月悠悠老汇昌，百年树帜几沧桑。
宁帮茶食徽帮烛，绍式香糕广式糖。
海味佳肴呈异彩，山珍上品散浓香。
如今再造新生力，喜看重光在水乡。

杨之强，字廉清，塘栖人。著有《烬馀草》《唾馀草》《多馀草》。

咏百年汇昌“糖色”

陶学锋

拈来一粒梅花果，送与夕阳共远波。
指上还余清浅味，此身忽落雪香窠。
超山之上白云窠，云去云来映碧波。
流水不知明月照，相思都入美人颗。

自注：塘栖人擅作蜜饯，称之为“糖色”，其中以“百年汇昌”为个中翘楚，老店今犹存，于水北街寻去，两百年依稀其间。

陶学锋，余杭人，浙江省诗词楹联学会会员，著有《芦雪斋诗词》。

浣溪沙 寄百年汇昌

沈刚

曾与壶浆共一箪，惯尝糖色味清欢。南来北往此盘桓。　两百年间燃烛过，三千里地启君颜。汇昌别证食为天。

沈刚，余杭人，浙江省诗词楹联学会会员，合著有《安隐击壤集》。

闻“百年汇昌”被评为“杭州老字号”，喜赋一绝呈虞铭兄

郁震宏

羡君生在水云乡，开店可当南面王。
拔茅终见以其汇，二百年来炽而昌。

郁震宏，号郁李子，桐乡人。鸣凤诗社社员，嘉兴市十大藏书家之一，著有《麻溪诗抄》。

咏糕点

郁震宏

漫说御儿玉乳梨，那如粢白胜柔荑。
子云已录輶轩语，却笑刘郎不敢题。

百年汇昌

宋佐民

创继兴荣说汇昌，栖祥累世记辉煌。
名声卓卓传遐迩，贡品源源入御尝。
蜜饯糕糖兼炒果，零批整发带工厂。
传承恢复闻新拓，老号街头又送香。

宋佐民，余杭人，浙江省诗词楹联学会会员，余杭诗词楹联协会副秘书长。

百年汇昌糕点

陈国民

汇昌糕点得亲尝，五十年来梦尚香。
偏失此生多幸事，白头拄杖重登堂。

陈国民，塘栖人，浙江省诗词楹联学会会员。

食塘栖汇昌粽忆及当年上山摘粽叶包粽子有作

陈国明

其一

高高山上冷泉飞，幺妹随娘采粽衣。三十三峰连竹海，哪株竹子叶儿肥？

其二

宽宽竹叶竹身低，采箬归来日已西。此叶倘非亲手摘，总当有竹与天齐。

其三

先包瘦粽后包肥，送到郎家手扣扉。休说郎君耕读苦，状元也曾着青衣。

虞铭兄百年汇昌粽荣登杭州名小吃志贺，时在沪杭线上，正遥望临平塔也

李保阳

百味遍尝谁为先，枇杷乡里品评完。
彩丝箬叶虞家出，第一荣登祭龙坛。

李保阳，陕西人，古典文学博士。

闻汇昌粽上榜“杭州名点名小吃”，并贺虞掌门寿

沈 刚

宁可食无肉，不可居无竹。
无肉亦无竹，此生何郁郁。
有肉兼有竹，此之谓福禄。
竹亦为之皮，肉亦为之腹。
粽香为之魄，塘栖为之族。
如鸿渐于陆，如文镌于牍。
百年存一味，留取汇昌馥。

食汇昌粽

陈国明

斯文满口老冬烘，一世青衫不道穷。
解得人间真味道，米家书画汇昌粽。

塘栖糖色

卓长龄

姚家短饤巧能松，香雾霏霏扑面浓。
糖拌日烘排岸北，最先尝得是游峰。

卓长龄，字九如，清朝初年塘栖诗人，太学生，著有《高樟阁诗集》。

糖色

茅德芬

曝粉采佳果，煎酿制甘脯。
材料集精良，名目难指偻。
咀嚼引香甜，清气豁灵府。
白玉颜其斋，食典应有取。

茅德芬，乾隆年间杭州诗人，诗见朱点《东郊土物诗》。

茶食

金张

茶食之癖亦何因，一人傅两傅三人。
篾篓纸函费邮致，松江嘉善无比伦。

玉兰花饼

金张

玉树试新朵，老饕出旧方。

脂油不损色，沙餡乃为肠。
依法看妻做，刻期唤客尝。
书生无妄想，说食直膏肓。

金张，清初塘栖人，著名诗人，著有《芥老编年诗钞》。

附录二：
“百年汇昌”掌门人虞铭先生对品牌的解读文章

百年汇昌的“三个不”

塘栖水北街的百年汇昌店，店堂里挂着一块金色的牌匾，上面刻着九个大字。哪九个字，待我慢慢说来——

百年汇昌是一家有200多年历史的食品商号，清道光年间（1821—1850），它做的糖色，就已成为贡品了。什么是糖色？糖色就是古代塘栖蜜饯的叫法。1929年，首届西湖博览会时，汇昌的糖色还得了最高奖。而汇昌号也在解放后并入了国营商业。

到了21世纪之初，国有商业企业纷纷转制、倒闭，我离开工作了11年的商业国有公司，打算自己创业。我早已经想好，我要恢复创办的这家老字号，叫百年汇昌。

此后的几年，我走访了许多汇昌的老员工，寻找传统配方，恢复老工艺。我将塘栖蜜饯的传统工艺收集整理，写成了一本书，塘栖蜜饯的制作技艺也成为杭州市的非物质文化遗产项目。

百年汇昌也成为余杭第一家省级、市级的老字号企业，成为余杭区知名商标。

到了2009年，随着运河申遗的开展，塘栖镇邀请百年汇昌与一些商家入驻水北街。许多商家只待了7天，因为黄金周结束后，水北街就没有人了。

百年汇昌却留下来了。人家看到了，说：这个老板不会做生意。

到了夏天，水北街上没有一个人，只听见“杨师太”在叫。其他商家都关门了，百年汇昌仍然开着，人家看到了，说：这个老板不会做生意。

后来，水北街上的游人渐渐多起来了，店也越开越多了。有的商家，开始见人喊价，开口是塘栖话，卖得便宜点；开口是普通话，就卖贵点。百年汇昌只有一个价，不管你是谁。人家看到了，还在说：这个老板不会做生意。

到第4个黄金周的时候，我叫朋友帮我做了一块金匾，作为我们的店规，上面刻了9个大字：

不二价、不吹牛、不欺客。

朋友问我为什么，我说：因为我们是百年汇昌。

附录三：作家笔下的“百年汇昌”掌门人

本色是书生

李晨初

随着北大街上“聚乐园”的谢幕，临平的老字号已完全消失在了人们的视野中。尽管“聚乐园”早已只是一个符号而已，但它的逝去，仍使不少人感到遗憾。但让人高兴的是，在满大街的洋店名中，“百年汇昌”——一个塘栖的老字号在临平的九曲营路、广和路悄然出现，让人隐隐约约感到了传统而新鲜的文化气息。

这家新开老店的老板是出生于塘栖、15岁时徙家临平的塘栖人虞铭。

其实，虞铭本色是书生：好读书，富收藏，能诗词，丰著述。

最早遇见虞铭是在一位老先生家里，他是和老先生来谈诗论文的。只见他和博学的老先生谈得投机，我很惊讶，那时他不过20岁左右吧。后来听说，他在中学时就对余杭，尤其是江南名镇——塘栖的历史文化以及沿革变迁，产生了浓厚的兴趣，并开始收集资料进行研究；他收藏的地方典籍颇丰，自题藏书室曰“曲营精舍”；后又陆续读到了他的一些诗词，蕴藉典雅，颇见扎实的古文根底和文字功力。

著名学者范文澜先生有治学名言曰：板凳要坐十年冷，文章不写一句空。虞铭这板凳一坐，20多年过去了，他甘得寂寞，乐此不疲，“只书巢自锁，是非曲直，羞与人论”(《湘春夜月》虞铭)。可喜的是，辛勤的耕耘，使他在文化史研究，尤其是余杭地方文化与传统文化的研究上有了丰硕的收获：参与编修《余杭通志》等多种新编地方志，著有《余杭老字号》《塘栖艺文志》《超山志》等多部专著，曾获首届“杭州十大藏书家”、第二届“余杭十大杰出青年提名奖”等荣誉，并长期担任余杭政协、史志办等部门的专家顾问。近日，有关部门闻悉他已收集整理了两万多首余杭诗词，于是又被委以总纂《历代余杭诗词集成》的重任。

然而，虞铭并非是终日坐在书斋、埋在故纸堆里的一个学究，生活也不容许他只做一个书虫；他做学问，大多是在夜深人静，别人或酣睡或搓麻将或泡酒吧的时候。因而，书生虞铭，不仅骨子里就有着商业的因子，而且在他独闯商海之前，就已经有了丰厚的从商历练和经验积累。

因此，我们还得换一个角度来看看虞铭。虞铭出身塘栖商业世家——明清以来塘栖主要有徽州、宁波、绍兴、杭州四大商帮，其中宁波商圈，主要从事中药、食品、水产等行业。而虞氏就是来自宁波商圈——虞铭曾祖于清末民初，在塘栖镇几家大的百年老字号担任过管理者；祖父与人合伙创办老字号——“同春堂”国药号，公私合营时并入国营商业；父亲长期担任余杭县(市)食品公司总经理至退休。虞铭参加工作后，进入余杭市百货总公司，由普通员工到商场副经理、团支部书记，至2000年企业转制。拥有国有商业企业10多年工作经验的虞铭，在刚过而立之年不久，开始了自主创业的历程。

虞铭的创业一直在思考和探索中进行。也许，比起其他人，他的思考和探索，更多了一些文化的因素。虞铭看到了这样一个现状：余杭的传统食品如超山蜜饯、三家村藕粉、塘栖糕点等，虽然产量很大，但却缺乏品牌操作，大多为他人作嫁衣裳，有的贴上外地的品牌，又返销到余杭来；而另一方面，曾经辉煌数百年的余杭老字号企业却随着岁月变迁，已是凤毛麟角。于是虞铭考虑，要发展一种以自有品牌、自营门店零售为主，吸收连锁加盟为辅的商业模式，面向杭州一带的普通居民，销售以余杭产品为主的休闲类食品，如超山蜜饯、传统糕点等。同时恢复余杭传统商业老字号，让珍贵的传统技艺和经营理念得到有效的传承。

对塘栖地方文化和传统商业已烂熟于胸的虞铭，很快就想到了“汇昌”。“汇昌”南北货栈已有两百多年历史，1800年(清嘉庆五年)，由三位宁波商人在塘栖古镇创办。清道光年间(1821—1850),“汇昌”所产蜜饯、蜡烛被道光皇帝选为贡品，从此“汇昌”声名鹊起，生意愈做愈大。清朝末年，“汇昌”已经成为清朝皇宫(内务府)的“指定供应商”。民国年间，“汇昌”掌门人陈继明先生的好友——著名金石大师吴昌硕先生、著名画家丰子恺先生，多次来塘栖古镇，到“汇昌”访友谈艺，品尝“汇昌”蜜饯。

明中期以后，塘栖成为京杭大运河上著名的水陆码头和江南重镇，“舟航上下，日有百千”，加上塘栖镇南的超山号称“十里梅海”，当地农民大面积种梅、桃，水果经过加工生产后形成了塘栖特色的蜜饯——糖色，逐渐“京省驰名”。到了明末，塘栖蜜饯随大运河外运，已是风靡两京的时令小食（休闲食品），清初北京地方志——潘荣陛《帝京岁时纪胜》记载：“蜜饯，塘栖荐新时品。”明末张岱《陶庵梦忆》、李渔《随园食单》及《顺天府志》《杭州府志》等书都有记载。而古时每到清明节前后，苏州、嘉兴、湖州等地大批香客要乘船到杭州朝山进香，往返时都会在塘栖停船住上一宿。南来北往的香客们最为青睐的特色商品就是塘栖蜜饯。当年最有名的是“汇昌”“恒昌”和“复昌”及“聚源昌”等商号，几百年来，塘栖蜜饯业持续繁荣，推动着当地的传统经济的发展——而“汇昌”就是数百年来塘栖蜜饯业的代表。

“汇昌”在塘栖现代商业史创造了许多个“第一”——在民国时期，汇昌是第一个在商店里使用日光灯照明的；是第一个在商店里使用玻璃柜台陈列商品的；还是第一个使用玻璃瓶密封盛放糖水青梅的蜜饯制造商。

到1945年，“汇昌”已发展成为一家拥有18000银元资金、近百名职工、94间栈房、上千余只货缸的大商号。拥有蜜饯、茶食、藕粉等四个生产作坊，批发零售蜜饯、茶食、炒货、糕点等两百多种商品。

“汇昌”，无疑是一块有着丰富文化内涵的金字招牌。

2003年12月，虞铭向国家商标局申请了“百年汇昌”商标，包括蜜饯、糕点等18大类食品，同时筹备成立杭州百年汇昌食品有限公司。

虞铭这一举动，得到了一些专家及老字号企业传人的赞同，也得到了余杭区政府有关部门的肯定和支持。2006年4月4日，余杭区贸易局举行“余杭商贸老字号”品牌发展座谈会，虞铭应邀参加了会议。会上，余杭区贸易局局长李晓亮指出，在当代经济中，品牌是最基本的核心竞争力之一，挑战市场，快速见成效，老字号占优势。因而要摸清家底，选择那些可开发的老字号，研究如何使老字号在使用中提高规模效应，带动余杭中小企业发展，并制定完善政策，鼓励挖掘和开发老字号。

2006年，“百年汇昌”商标共18种食品类别被国家商标局批准。恰在这一年，虞铭的妻子叶水婷原来的工作单位解散，于是夫唱妇随，夫妻二人共同开始了传统老字号与现代零售业相结合的自主创业。他们跑市场，看产品，学习别人的营销手段。通过市场调查，发现普通市民对传统食品有相当丰富的感情和需求，但市场上的企业追求利润，很少愿意涉及，于是，他们决定首先进入这部分细分市场。

2008年起，“百年汇昌”专卖店陆续在临平、德清等地开设，目前已有临平九曲营店、广和店、星光店、庙东、德清武康店5家。他们计划在三年内发展10多家自有门店，以后还要逐渐吸收连锁加盟，稳步发展，将“百年汇昌”打造成一个较有影响的区域性休闲食品品牌。目前，“百年汇昌”以食品零售为主，具有余杭特色的糕点、蜜饯主要委托超山、塘栖一些有资质，有特色的食品厂、蜜饯厂生产。他们规划等到连锁专卖店开设到一定数量后，再筹建生产部门，通过QS等认证后，自己生产具有余杭特色的糕点、蜜饯。

二十年来，虞铭一直走访那些年逾古稀的老字号的传人，收集、记录塘栖蜜饯等余杭传统食品的生产加工方法和工艺，将这些宝贵的非物质文化遗产传承下去。目前虞铭正在整理多年来研究余杭传统食品制作工艺的成果，撰写《塘栖蜜饯》一书；并受余杭政府委托，编撰《余杭非物质文化遗产丛书——传统技艺》。

“百年汇昌”有了一个充满活力的有文化的传承者，必焕发青春，百年昌隆！

发表于《杭州商会》杂志，2010年第一期，作者李晨初（余杭区作家协会副主席）

附录四：“百年汇昌”掌门人记录的口述史

“江南蜜饯食品市场”的筹建与开办

口述：潘金祥

整理：虞 铭

简介：江南蜜饯食品市场位于杭州市北郊320国道侧（今属余杭区临平街道屯里社区）。1994年规划，次年开工建设，1996年底正式开业。市场占地26000多平方米，营业面积11000平方米，停车位250个，有蜜饯食品经营户232家，是浙北重要的蜜饯、食品一级批发市场，年销售额达到20亿元。

口述人潘金祥，原余杭市工商局副书记、副局长(分管市场和经检工作)，当时具体组织、操办了“江南蜜饯食品市场”的筹建与开办。

图附 -1　江南蜜饯食品市场开业

我叫潘金祥，今年64岁，是超山柴家坞人。当时任余杭市工商局副书记、副局长，分管市场和经检工作，亲历了“江南蜜饯食品市场”的筹备、建设与开办。

“江南蜜饯食品市场”是1994年下半年开始规划的。1995年7月具体筹备建设，花了一年多时间征地、施工、招商，新市场于1996年11月30日正式开业。

20世纪90年代中期，余杭一带中小私营经济比较活跃，农村居民的收入也大为改善，零售商业在乡村的主体是分散在各自然村的几百家村店。由于当时余杭区域内没有食品批发市场，余杭各地的村店进货都要到杭州市区或者萧山的食品批发市场，很不方便。况且“三卡”进不了城区，叫汽车对村店来说，成本高了点。所以，我们工商管理部门作为专业市场的主管部门，看到了这一点，打算筹建食品市场，方便广大群众，活跃农村零售商业。

要筹建“江南蜜饯食品市场”的最重要的原因，是基于余杭蜜饯行业的历史与现状——我们塘栖一带，自古水多地少，适合种植瓜果，但瓜果依靠水路运不出去，五百多年前，塘栖人就开始腌制瓜果、制作蜜饯，当时俗称“糖色”。

明清，塘栖已是著名的水陆码头和江南重镇，由于大运河贯通南北，每年清明节前后，苏州、嘉兴、湖州等地大批香客要坐船去杭州朝山进香，而塘栖正好处于这段行程的中间，香客们往返时往往都在塘栖停船住上一宿，逐渐形成了非常热闹的旅游经济——“香市”，塘栖蜜饯就是香客们最为青睐的特色商品，塘栖商家有“做一季，卖一市，吃一年”的说法。

在“香市经济”的带动下，季节性、劳动密集型的蜜饯加工业成了塘栖旧时吸收闲散劳动力最多的行业。塘栖周围的农村大规模种植梅、桃等经济作物，慢慢形成了超山的“十里梅花”，而“糖水青梅”就是其中的代表。

民国时，超山一带共有梅林1.2万多亩，年产梅子4万担左右。超山周围的接坝桥、屯里、泰山一带，梅作坊林立，有汇昌、恒昌森、仁昌、祥丰、泰昌、长丰、悦来盛、李源泰等20多家，每家有大缸千余只，工人四五十人。到20世纪30年代，超山年产青梅、干梅约2万余担。上海冠生园、泰康公司所售的话梅、陈皮梅等蜜饯，其原料、半成品都取于超山，每年向超山采办4000担以上，塘栖的商号不仅输出蜜饯的半成品，也为上海、苏州的大企业做“代工”。20世纪30年代，上海冠生园在超山购置山地梅林，又在塘栖镇设行收购水果，加工蜜饯。上海的“梅林食品罐头公司”和“三友农产社”也来塘栖设立办事处和临时工厂，经上海总部转销国内外。

新中国成立后，蜜饯业曾一度萧条。1971年，超山林场首办蜜饯厂，加工青梅、杨梅、李子等半成品提供给上海食品厂家。1980年前后，超山公社的超山、泰山、龙洞，崇贤公社的南山、水洪庙、朱家浜及翁梅公社联盟大队先后兴办蜜饯厂，产品有话梅、糖青梅、半话梅、黄杏、黑杏、糖杨梅等。到1995年前后，以超山为中心的蜜饯业日渐兴盛。

我们经过详细的调查，得知当时有一定规模的蜜饯企业有11家（其中6家在超山、2家在小林、3家在崇贤），加工生产单位近100家（其中58家在超山、9家在小林、15家在崇贤），还有家庭作坊近150家，这些企业基本集中在超山（龙洞、泰山、柴家坞）、崇贤（南山、水洪庙、朱家滨）、小林（屯里、陈家木桥）三地，少数在丁河、塘南一带。

1995年7月，我们正式开始筹备，考虑到余杭蜜饯在超山龙洞、泰山、小林屯里以及崇贤南山一带最为集中，所以我们选中了小林屯里村靠近320国道的一块地。我找到了当时的小林乡屯里村的支书沈子香，我说明了意图后，沈子香书记大为支持。

经过几次协商，终于与小林乡屯里村谈妥了那块38亩的地，地价也不贵，征地及地面附属物的补偿每亩2万左右。当时在地块上还有6家小饭店和1家自行车修理铺仍在正常营业中，我们做了大量工作以后，这些业主都比较顾全大局，在作出适当赔偿之后，他们都及时迁出。

20世纪90年代的时候，市场的建设和管理都由所属工商部门主管。我们余杭市工商局由我牵头实施“江南蜜饯食品市场”项目，由当时塘栖工商所所长陆叶发、原临平镇副镇长陆胜利、工商局市场科的张军，还有粮食局的一位负责粮食储运的同志一起共同组成领导小组，陆叶发为“蜜饯市场”成立后的首位负责人。

接下来开始施工建设，当时那里需要重新通水电，而且没有电话线。刚好这时，自来水厂正在屯里村建设入村的水管，我们通过协商，让村里将原定的供水管加粗、供水线延长，解决了市场的供水问题。

此时，“江南蜜饯食品市场”列入余杭市“九五”重点规划项目，总投资120万元，于1995年7月开工建设。

为了及时、优质地建设好新市场，我们选定了两家建设施工队同时开工，工程量各一半。结果170天后，两家同时顺利完工。

那时，余杭电信正在推广一种叫作“小灵通”的新技术——移动电话，而“龙洞蜜饯市场”刚好没有预设电信网线，正好它成了试点。到“龙洞蜜饯市场”建成时，每一家经营户都安装了一台“小灵通”无线电话。

根据我们的规划，每一间经营房的营业面积为15平方米左右，共设518间；仓库面积为50平方米左右，共设189间。

市场筹建之初，我们聘请了六七名原屯里村退下来的生产队长，来市场协助工作。他们对地情、人脉的熟悉，使得新市场的建设进展相当顺利。

考虑到320国道今后的拓宽，市场规划退进红线30米，并开出公路出口10米通道，在我们与杭州市公路管理所的多次协商后，问题得到了圆满解决。

在市场施工建设的同时，我们开始着手招商工作。我们在“余杭电视台”等媒体连续播放了市场招商的广告，在余杭、海宁等地召开了几次招商会。还成立了2个招商小组，赴各地介绍“蜜饯市场”，吸引生产厂家和经营户入驻。

对于一些余杭蜜饯的龙头企业，我们上门推介，邀请他们入驻“江南蜜饯市场”。由于当时余杭的蜜饯企业主要销售渠道在各地超市，因此认为市场无用，所以一些重要的本地生产厂家，如“梅园”等，在开始时都没有入驻新市场。

一开始，我们初定的市场名称为“江南蜜饯市场”，但考虑到真正的蜜饯企业进场不多，普通食品销售将会占据市场主导，所以我们最后确定为“江南蜜饯食品市场”。

为了吸引商家入驻“蜜饯市场”，我们同税务部门召开过两次协调会，争取到了经营户的税收减免优惠。

同时协调我们工商局内部，为进场的营业户办理证照，实行一步到位，并为运输车辆给予补助——每辆50—80元，为营业户降低了成本。

到“江南蜜饯市场”开业时只有“味亨”等五六家少数本地生产厂家进驻。开业之后，没有进场的蜜饯企业发现早先进驻的企业的销路已打开，大大带动了经营渠道拓展，入驻企业得到了极大的发展，后悔没有及早进场，纷纷要求进场。

筹备之初，我们考虑到投入资金的早日回笼，对营业房实行了出售的办法。等到市场正式营业以后，要求入场的企业渐多，我们改为出租的办法，让租金成为可持续的稳定收入。

在“江南蜜饯市场”开业两三年后，蜜饯交易达到高峰。入驻的生产厂家和经营户达到六七十家，占到全部商家的四分之一左右。特别是大量外地蜜饯生产企业和原料供应商的入场，使得“蜜饯市场”在原料供应、半成品、包装的产业配套上得到大大的完善，推动了余杭蜜饯产业链的升级。

1996年11月开业以后，“蜜饯市场”月批发额都在3000万元以上。

直到近年，余杭蜜饯产业逐渐转型，蜜饯产品往高端转移，渠道转向大型超市、连锁超市和出口，对农村小超市的销售比重逐年下降。余杭蜜饯通过“蜜饯市场”销往全国各地的比重较早期减少，新的销售渠道成为主体。所以市场内的蜜饯商家数有所减少，蜜饯销售额占整个市场的比重也大为下降。而余杭蜜饯产业和“蜜饯市场”仍发展迅速，年销售额都达到几十亿元。

正是由于我们筹划之初的定位和预见（一级批发市场），市场的基础建设一步到位，到现在已使用了近20年的所有营业用房和仓储用房，基本上都是当年筹建之初建造的，既没有造成资金浪费，也没有造成建设滞后。

经过近20年的努力，“江南蜜饯食品市场”的销售与市场影响力不断扩大，早已成为余杭、桐乡、海宁、德清零售商业的配送、物流的中心，并带动了周边几个村的数千人劳动就业和10万平方米的仓储。

1998年以后，基于“管办分离”的原则，“江南蜜饯食品市场”与余杭工商局脱钩，改由余杭区商务局“市场中心”负责管理。

目前，“江南蜜饯食品市场”占地26000多平方米，营业面积1.1万平方米，停车位250个。有经营户232家（其中31家经营蜜饯及配套），年销售额达到20亿元。

附录五：《塘栖歌》(虞铭 塘栖诗社)

唐栖寺前僧白头，
溪水往来客杭州。
一朝河拓通衢后，
余韵流芳万古留。

注：宋元以前，塘栖为僻壤，往来不便。明代中期，运河开通，塘栖渐为江南名镇。南宋有唐栖寺僧永颐，是江湖派诗人，著有《云泉诗集》传世，开栖水人文之先。

花园旧址福王庄，
栖水流脂红粉香。
汉王一从巡北去，
宫娥自挂藩邸荒。

注：南宋时，塘栖为福王之庄园，红粉沟、洗马池、花园桥俱是遗迹。宋亡，福王及家眷、奴仆都被元军俘虏北去。独有王妃詹玉珍，投井自尽，塘栖人义之，封为水南娘娘，建庙以祀，香火至今不断。

六陵山北古兰亭，
白塔山中草色新。
凤穴龙巢谁识认，
落花时节泣冬青。

注：塘栖旧有冬青义塾、超山有唐玉潜祠，以祀冬青义士唐珏。唐珏，字玉潜，号菊山，宋末会稽人。元初，浮屠总统杨琏真伽掘南宋六陵，唐珏收南宋诸帝骨殖，葬兰亭山后，植冬青树以志，乃作《冬青行》："冬青花，不可折。南风吹凉积香雪。遥遥翠盖万年枝，上有凤巢下龙穴。君不见，犬之年，羊之月，霹雳一声天地裂。"相传后唐珏流寓至塘栖，乡人义之，名其地云"唐栖"。

莫把杭州比汴州，
溪河宛转武林头。
书生莫唱桃花扇，
哭死忠臣与楚囚。

注：塘栖镇西五里有武林头，古时称伍林，相传战国时伍子胥隐居在此，故名。南宋绍兴年间，设下塘寨，置兵六十守此。明隆庆三年（1569），以港口地当冲要，盐盗出没，置五陵关。清咸丰末年，太平军犯浙省，官军筑炮台于此。见《读史方舆纪要》等史书。

月波桥下柳成丝，
窄巷深深太史居。
祠第百年风雨后，
传经旧舍剩残碑。

注：月波桥在塘栖镇市东街，里人卓月波所筑。太史第在桥堍，清初翰林院编修卓彝太史故居。卓氏宗祠、传经堂俱在西横头大街，园中多亭台楼阁、名家碑刻，后被太平军焚毁。

超然苍翠映河山，
酒夕诗晨几处闲。
砧咏谁知金甲冷，
烽烟起处泪潺潺。

注：超山又名超然山，以其超然突起于皋亭、黄鹤之外，故名。塘栖诗人结社超山，唱吟尤多，明代有泗水庵唱和、清代有海云洞唱和、民国有梅花楼唱和，流风余韵至今不衰。

百载平和歌舞多，
几曾老耆识干戈。
一朝胡马饮栖水，
隔岸孤舟唱楚歌。

注：清顺治二年（1645）夏，临平陈万良受南明鲁王职，结寨塘栖、五杭之间，以拒清军。六月，贝勒博洛、都统拜音图阿山，领军压境。南明潞王遣方、汪、王三总兵屯军塘栖跨塘桥。里人吴允淳谒劝潞王，力言塘栖不可守，潞王听之，撤。

六月十三日，清兵入镇，市、民秋毫无犯。

乾隆庚子三月三，
龙舟凤舸下江南。
御营青柳河边草，
歌舞升平梦里酣。

注：康熙、乾隆十二次南巡，屡屡泊舟塘栖。朝廷建行宫于西茶亭之外，计地百余亩。背河面南，对皋鹤超山诸峰。临南雕博古盘龙清砌照墙一座。正南宫门一座，内建垂化门，中为正殿。内建寝宫，又有长廊画槛，叠石为山，引水为池，杂植花木，临河建龙楼，高入云霄。又设御花园、阿哥所、军机处、随行官员公馆、御膳房、大营盘等处。“御营春柳”为清代塘栖十景之一。

四月青青芳杜洲，
湖光山色几人愁。
小红一段鸳湖曲，
蒹葭深丛拟放舟。

注：芳杜洲在塘栖镇南横头，明光禄寺丞卓明卿筑以别墅，一时间，名家诗人往来其中。清道光年间（1821—1850），塘栖词人韩应潮建“蒹葭水榭”于八字桥堍，临溪构榭，为寤歌之所，自号“琴溪渔隐”。

似海侯门渺旧踪，
人间相隔几多重。
青衿月下闻佩鸣，
倩影幽幽一笑逢。

注：塘栖宋福王庄故址，荒草芊芊，久成废墟。昔有书生秋夜凭阑对月，忽闻有环佩之声。不寐听之，歌云：“淡淡春山抹未浓，偶然还记旧行踪。自从一入朱门去，便隔人间几万重。”闻之酸鼻。

（作者介绍：虞铭，塘栖人。民革党员，第十届杭州市余杭区政协特聘委员，余杭诗词楹联协会副主席、塘栖诗社社长，百年汇昌掌门。）

附录六：

美丽的塘栖，“汇昌”的故乡：魅力民宿志

在当前很多人眼中，民宿不是酒店，是带有情怀的；民宿不是农家乐，是带有情调的。民宿将山野自由的氛围和星级酒店的舒适性完美融合到一起，非常接地气，同时也充满了各种浪漫情怀。如果把星级酒店比做豪华大餐，那么民宿就是回味无穷的私房小菜。民宿，可以让人更深入地体验一个城市的生活，发现这个城市不同的美。

图附 -2 运河沿岸民宿

民宿是让你有家一样感觉的地方，舒适自在，没有拘束。在塘栖，精品民宿聚集地的两岸景区内，就有10家风格各异的民宿。比如，水北街的“小茶姑娘”是一个茶文化主题民宿，由西姚宅和古韵斋两栋古建筑共同构成。其中西姚宅作为文创活动空间使用，古韵斋则用作客房。而“喜堂”店名取自“塘栖”倒念的谐音，由民国时期中式木楼、塘栖耶稣堂（传教士老别墅）、艺术工作室、花园客房等多栋建筑构成，在这里既可饮酒、喝茶、品私房菜，也能在艺术工作室与艺术家现场互动。在原有休闲设施的基础上扩建的“同学”青春旅舍，其客房风格能让你找回学生时代的记忆，简单且温馨。又比如，将民宿一分为二的“懿舍”，在水北和水南街各开分店。依傍着古老的运河，听雨喝茶。行走在古廊檐下，赏桥赏景。一家置身在古镇上的美丽酒店，期望让每一位下榻的客人一生只动一次心，为“懿舍”而动心。

懿舍：眺望千年古运河，只愿与你长相守

大约两年前，杨洁因缘巧合到访京杭运河边上的塘栖古镇，这里曾是“江南十大名镇”之首，是杭州城内唯一的古镇，距离市区仅20千米。有着来往的游客、嬉戏打闹的孩童、谈笑风生的当地人，他们的生活与世无争，悠然自得。都市的繁忙慢慢模糊了生活的模样，她突然发现，这样悠闲、自在的生活才是生活的真相啊。杨洁下定决心，要把心里的民宿安在这里。经过15个月的精工细作，懿舍终于诞生。取“懿”字，意为一生只动心一次。

走进懿舍，映入眼帘的是一面植物墙，一抹生机勃勃的绿，让人抬头便看见春天。一个半开放的玻璃窗内日式风格的景观，引入自然光影。周围是等待开花的量天尺，鹅卵石上爬满青苔。房间内的设计偏向于暖色，丰富的色彩相互杂糅，碰撞。让房间焕发更多的现代感。

图附－3　懿舍内景

图附－4　古镇塘栖

世间最不可测是如果。如果没有那一年机缘巧合之下与塘栖的相遇，穿过七孔广济桥的风不会吹得内心空旷一片，慢慢悠悠的摇橹声不会在耳畔频频响起，杨洁脑中的民宿梦也不会在此迅速落地生根，15个月后成长为她一辈子骄傲的懿舍。《说文》曰：“懿，专久而美也。”古人作过这样的注解：“专一而后可久，可久而后美。”而杨洁理解的“懿”则是一生只动心一次。因为塘栖西横头街26号的一瞥，杨洁的一生便

图附 -5 懿舍民宿房间

图附 -6 落地窗外见庭院

就此停留。

窗外或是白墙黑瓦相对的街，或是杨柳依依的京杭大运河，无论晴天还是雨天，这里都存着一个安静的梦。

懿舍分水南、水北二店，近20间客房及套房，现代与古朴恰到好处地融合。室内Wi-Fi高速上网、网络液晶电视等现代化配套设施一应俱全。房内设计整体偏向暖色，丰富的色块相互杂糅、碰撞，焕发更多的现代感。

枕着运河，一夜好眠。醒来便可就座懿舍餐厅的黄花梨木椅，搭配塘栖本地特色菜，以飨饥饿的胃，唤游子归家。下午茶可以约在一楼的咖啡吧，三两好友共坐，不谈国事，只聊闲话。不喝酒，也醉在江南的烟雨朦胧和诗情画意里。

半开放的落地窗内，可以邂逅一个日式风格景观。绿植疏疏摆放，鹅卵石铺满整个庭院，墙角是零星几块苔藓，墙上是个老底子洗衣服的木盆，除此之外毫无赘饰。寂静、写意，出神、发呆。

水北店古色古香，完全融于塘栖的老底子味道中，夜晚灯笼一打亮，还以为自己穿越到了古代。走进门才发现别样之处，竟然藏着小清新的咖啡吧。

走出懿舍，一边是热闹的老街深巷吴侬软语、人声阵阵，法根糕饼店前又排起了长队，粢毛肉圆刚刚出锅，还有一筐筐的枇杷橙黄诱人；对岸是水乡人家，淘米洗菜，桥头捣衣，小孩牵着大黄狗；唯有大运河在两岸之间日夜不息地流淌。

来到懿舍，就要品尝品尝最有名的枇杷，外皮略白有芝麻斑点的才正宗。亲

图附 -7　塘栖夜景

身摘过枇杷才知道，原来枇杷都是一串一串结在一起的，手拉手在一个树枝上，共同接受大自然的洗礼。

剥开薄如面皮的果皮，水润多汁的肉就直接暴露在眼前，肉软而厚，入嘴甘甜鲜美，一家人分分钟能消灭一树枇杷。

“来到塘栖，一定要去买些小时候吃过的零嘴”，如麦芽糖、桂花糖年糕、糖画、山楂糕、绿豆糕……

小伙伴说城里这些零嘴，都没有记忆里的那种味道，比如麦芽糖应该是带着糖霜会黏牙的，桂花糖年糕应该是香糯软绵的……

有山有水的地方大概都藏着灵气，超山的庇护和京杭大运河的哺育，让塘栖的土地充满生命力。在城市待久了，塘栖倒是个周末休憩的好去处。

都市人来人往皆匆忙，若是你在闹哄哄的杭州市区待得倦了，不妨驱车一路向北。此刻，耳畔响起好妹妹的歌：“西窗的雨，归来的你，醉在故乡斜月里。”

塘栖的旧时光里，杨洁倚窗听风，守着一期一会一相逢，等了一程，再送。

图附 -8　新村路美食街

图附 -10　塘栖零食

图附 -9　枇杷

汐糖：看日升月落，静听时光流过

古镇塘栖，包容着白日游人的热闹喧嚣，又独辟出一方静谧的天地，让你看日升月落，静静听时光流过。

一间民宿便是一道风景，一次驻足便成一次旅行。

汐糖民宿由清末民初两所典型“步步高”设计风格的老房子组成，在粉墙黛瓦与青石灰砖的古朴色调中，随处可见前朝匠人精美的砖、石、木等多种材质的雕刻构件，营造出精致优雅的江南民居韵致。

老板娘笑笑，从丽江的“子非鱼客栈”到虎跑的“懒墅民宿”，再到塘栖的“汐糖”，一个“不安分”的姑娘，现在把时间交给了塘栖古镇的院子，等待“汐糖”诞生。

在建造汐糖时，她刚好怀孕，当时能想象出她的辛苦，她却乐在其中，她有一个志同道合的团队一起打造着，因喜欢而执着的追求。没有炫目的背景和硕大的装饰物，一切妥帖安然，让人不忍喧哗。

图附 −11　塘栖风景

图附－12　汐糖民宿

图附－13　汐糖民宿内景

图附－14　汐糖民宿竹木材质

“汐糖”共有21间客房，所有的家具都融入的竹木材质，与整体的建筑格调相符。

踏在木质地板上有“吱呀”声回响，想起了儿时住过的老屋，木头好闻的味道和阳光下细碎的安静尘埃。

汐糖民宿如是古镇在水一方的伊人，对来汐糖的家人如是。

“彼采萧兮，一日不见，如三秋兮。”

小茶姑娘：寻茶时的不期而遇，爱茶如痴终成小茶姑娘

墙外人群熙攘声色犬马，院内时光轻慢岁月静好，有三个原本彼此陌生的人，机缘巧合地在塘栖古镇寻茶时相遇了。

塘栖古镇中，层层堆叠着方方正正的青石板，还有在街巷穿行的举着油纸伞的女子，耳边是塘栖老话儿，柴门内是淳朴人家，这个如此有韵味的地方将三人深深吸引着。

图附 –15　小茶姑娘

她叫“蜜蜂”，是个从小在上海长大的江南女子。

“昔归”和“木槿”，她们俩爱茶成痴，到哪儿都是茶不离口。

三人都曾是无数都市人羡慕的职场女精英，有管理数千人团队的创业者，也有获奖无数的设计师，常常忙得连一刻闲暇都难以挤出。

偶然间，他们三人各自出发，都来到了塘栖寻茶，没想到大家竟一见如故。快节奏的

图附 –16　“蜜蜂”

图附 –17　“昔归”和“木槿”

图附 -18　塘栖的清晨

日子终于在这里慢了下来，她们每日一起访茶，问道修心，愈发享受这里的闲适生活。

有着相似生活的三人，都对那忙碌的都市生活产生了倦怠感，她们希望能在这水乡古镇打造一片天地，能给同样爱茶的朋友们安一个家。

她们都是行动派，想好了就去做。民宿选址是昔日塘栖首富、人称“六老爷”“姚皇帝”的宅居——西姚宅，老宅院历经风霜战火如今依然保存完好。

老宅院的改造不能对原有的宅院有任何破坏，新加的元素如何修旧如旧，改造后要既不失韵味又能融入现代人的生活，这些问题都让设计师和专家们伤透脑筋。

但问题终归是解决了，经过一年时间老宅院终于改造完成，她们还给这里取了一个新名字——小茶姑娘。

大门没有显眼的招牌，有的是深藏在枇杷树后的“西姚宅塘栖故事馆”牌匾，据说，曾经富商的大院为了避盗都建得比较隐蔽。

整栋建筑的房屋沿袭老宅规格，进深六层，屋宽四间，老宅是三进三开砖雕木楼，筑有门檐，雕龙画凤，第一进是门屋，主人家会在这儿迎客。

第二进是厅堂，内外分明，客人是不能随便到内院的。正厅有块黑色布帘，布

图附 –19　西姚宅塘栖故事馆

图附 –20　老宅院

帘后是一张铺着蓝色桌布的大圆桌，平日里有客人来访就是在这招待用餐的。一旁的墙上摆满了贴着“酒罐”字样红纸的罐子，乍一看还以为是个酒庄。

第三进或后进为私室或是闺房，外人不得随意进入。按照旧时习惯，她们将这里做成闹中取静的客房。客房分别设在厅楼东西两侧，白麻幔子、屏风、纯木雕花家具，各种古色古香的陈设，还设了鲜活植物做点缀。

小茶姑娘不仅是一家民宿，也是一个集寻茶、会友、文创活动为一体的精品故事馆。 二楼有个戏台，也是文创活动区，平日里会间歇举办一些有意思的讲堂等活动。小茶姑娘源自茶，老板娘爱茶，客人也爱茶。以茶会友，品茶斗酒，真是神仙也不换的好生活。精心设计的茶室是小茶姑娘的待客之道。从普洱到龙井，再到碧螺春，是爱茶的雅人们心照不宣的默契。

在都市待久了的人，非常适合到这来品品茶，用这的茶香洗去浑身的浮躁。

依塘而栖：像丰子恺一样寻回慢生活

20世纪70年代初，丰子恺先生写了一篇散文，题为《塘栖》。

图附 -21　小茶姑娘民宿的静宜

图附 -22　小茶姑娘民宿的雅致

图附 -23　小茶姑娘民宿的古朴

图附 -24　小茶姑娘民宿的潜心

图附 -25　塘栖古镇夜景

北京作家林斤澜先生非常喜欢这篇散文，他说，这是丰先生所有散文中写得最好的，说《塘栖》已经进入了“哲学的深度”。林斤澜说他“一遍两遍三遍四遍地读《塘栖》，不知道读了多少遍，已读得口齿生香”。

图附 –26　塘栖运河旧照

当年，丰子恺从他的故乡石门湾去杭州，其实火车加轮船两小时可到达，但生活态度颇雅的丰子恺要让自己的生活慢下来，于是，“常常坐客船，走运河，在塘栖过夜，走他两三天”。

丰子恺在《塘栖》中写了什么呢？他写彼时江南水乡特有的那种客船，写运河两岸风情，写在塘栖的河畔小酒店喝花雕，吃素丝面，在塘栖街上闲逛，又写靠在船窗口剥枇杷吃。

图附 –27　枇杷

以地名为其散文作品的题名，这对丰子恺而言，也是罕见的。是什么促使丰子恺写下了这样饶有情趣的散文呢？也许是他的生活态度在塘栖的街巷氤氲里找到了某种契合吧。

图附 –28 塘栖的烟雨街巷

慢

图附 –29 静谧的水北街

这是标准的江南水乡，这里有很多传统的工艺得以传承和发展，在这里可以让自己和丰子恺慢下来，在杭州塘栖古镇找间民宿过几天精致又散漫的生活，也许你可以让自己更自由。

水北街是塘栖运河北面的街市，原长2500米，现存约1400米，这里集聚了百年汇昌、聚源昌、梅园蜜饯、金利丝业等“老字号”商铺。改造后的水北街成了塘栖古镇的标志街市。

宿

塘栖有很多小巷子，如若是下雨天，你就是丁香一样的姑娘。有时顺着小巷，走着走着便豁然开朗，一幕幕都像是老旧电影里的场景。水北街往里走，像走在电影或古书里，迎面和侧面都是古宅、雕花、木窗。门牌164—165号是镇上保留得较好较古老的建筑，就是我们今天要去探营的一家叫“依塘而栖”的民宿所在地，民宿预计7月份正式营业。

图附 –30 依塘而栖民宿标识

图附 -31　依塘而栖民宿

图附 -32　老宅大门

图附 -33　依塘而栖第一个大厅

图附 -34　民宿餐厅

图附 -35　依塘而栖客房

依塘而栖是一处有着百年历史人文积淀的民宿，始于明清，是一户沈姓人家的大宅院，世代为医。传说乾隆皇帝七下江南，有两次夜宿此地，白墙青瓦小桥流水式的经典江南建筑风格，别有一派恬静内秀的韵味。

古宅在经评估过后，只小心翼翼做了内部的重装，以更加适应现代生活。而所有岁月的痕迹、皱纹、沧桑，都被保留下来。

你能见到的第一个大厅，在当时是作为日常议事之用，主人招待客人的地方。现在，也是一样。

主人还布置了招待贵宾吃饭的地方，江南的美食风味搭配江南的古典陈设。

图附 –36 依塘而栖院落

图附 -37　依塘而栖厅堂

房间处处体现精品，铺设既古色古香又现代时尚。雕花大床，明清家具，让你感受城市里没有的特色。

通过天井引入自然光线，连廊也不缺竹影和月光。无论是正房还是侧室，每一户都会有一个小院落。要行酒令，还是要斗茶，任你高兴。至于房间，尝试在方寸之间造景。运用传统园林借景、对景等方法，让空间更显婉转别致，独具韵味。

因为有高墙，你甚至可以一边听着沿街叫卖的声音，一边躺在房间里读一本闲书。若有好友前来拜访，则可以带他到楼下喝茶。不管怎么样，房子就是这样，一条通道贯穿全屋，各个厅堂又开有小门。这些小门在旧时候是佣人出入的地方，工作人员则会从这里出入，这样不会打扰客人的休息。

“江南本就是一个静谧慢节奏的地方，我想要告诉更多的人什么是真正的水乡生活。也想要借这个机会，找到一批性情相投的人，一起喝茶，一起聊天，一起让古宅回归生活，让江南回归江南。想要邀请你来过过慢生活。天青色等烟雨，而我，在等你，在依塘而栖等你。”

在这里，像这样的民宿还有很多。“找个地方住下来，枕着运河入眠”是很多来塘栖玩的游客的梦想，但现在梦想变为了现实。这里不如周庄张扬，不如南浔厚重，不如西塘诗意，不如乌镇浓郁。塘栖，这个离杭州半小时的古镇，却有江南水乡最悠闲的小日子。

图书在版编目（CIP）数据

百年汇昌：江南水乡滋味长 / 王艳，王露编著．--
杭州：杭州出版社，2020.12
（杭州运河传统老字号系列丛书）
ISBN 978-7-5565-1136-5

Ⅰ．①百… Ⅱ．①王… ②王… Ⅲ．①糕点－老字号－介绍－杭州 Ⅳ．①F426.82

中国版本图书馆CIP数据核字（2019）第204483号

Bainian Huichang: Jiangnan Shuixiang Ziwei Chang

百年汇昌：江南水乡滋味长

王艳、王露 编著

责任编辑 李竹月
封面设计 祁睿一
出版发行 杭州出版社（杭州市西湖文化广场32号）
电话：0571-87997719 邮编：310014
网址：www.hzcbs.com
排　　版 杭州万方图书有限公司
印　　刷 浙江全能工艺美术印刷有限公司
经　　销 新华书店
开　　本 710 mm × 1000 mm 1/16
印　　张 12
字　　数 220千
版 印 次 2020年12月第1版 2020年12月第1次印刷
书　　号 ISBN 978-7-5565-1136-5
定　　价 48.00元

《杭州全书》

“存史、释义、资政、育人”
全方位、多角度地展示杭州的前世今生

- 杭州全书
  - 杭州文献集成
    - 西湖文献集成
    - 西溪文献集成
    - 运河（河道）文献集成
    - 钱塘江文献集成
    - 良渚文献集成
    - 湘湖（白马湖）文献集成
  - 杭州丛书
    - 西湖丛书
    - 西溪丛书
    - 运河（河道）丛书
    - 钱塘江丛书
    - 良渚丛书
    - 湘湖（白马湖）丛书
  - 杭州通史
    - 西湖通史
    - 西溪通史
    - 运河（河道）通史
    - 钱塘江通史
    - 良渚通史
    - 湘湖（白马湖）通史
  - 杭州辞典
    - 西湖辞典
    - 西溪辞典
    - 运河（河道）辞典
    - 钱塘江辞典
    - 良渚辞典
    - 湘湖（白马湖）辞典
  - 杭州研究报告
    - 西湖研究报告
    - 西溪研究报告
    - 运河（河道）研究报告
    - 钱塘江研究报告
    - 良渚研究报告
    - 湘湖（白马湖）研究报告

《杭州全书》已出版书目

文献集成

杭州文献集成

1.《武林掌故丛编（第 1—13 册）》（杭州出版社 2013 年出版）
2.《武林往哲遗著（第 14—22 册）》（杭州出版社 2013 年出版）
3.《武林坊巷志（第 23—30 册）》（浙江人民出版社 2015 年出版）
4.《吴越史著丛编（第 31—32 册）》（浙江古籍出版社 2017 年出版）
5.《咸淳临安志（第 41—42 册）》（浙江古籍出版社 2017 年出版）

西湖文献集成

1.《正史及全国地理志等中的西湖史料专辑》（杭州出版社 2004 年出版）
2.《宋代史志西湖文献专辑》（杭州出版社 2004 年出版）
3.《明代史志西湖文献专辑》（杭州出版社 2004 年出版）
4.《清代史志西湖文献专辑一》（杭州出版社 2004 年出版）
5.《清代史志西湖文献专辑二》（杭州出版社 2004 年出版）
6.《清代史志西湖文献专辑三》（杭州出版社 2004 年出版）
7.《清代史志西湖文献专辑四》（杭州出版社 2004 年出版）
8.《清代史志西湖文献专辑五》（杭州出版社 2004 年出版）
9.《清代史志西湖文献专辑六》（杭州出版社 2004 年出版）
10.《民国史志西湖文献专辑一》（杭州出版社 2004 年出版）
11.《民国史志西湖文献专辑二》（杭州出版社 2004 年出版）
12.《中华人民共和国成立 50 年以来西湖重要文献专辑》（杭州出版社 2004 年出版）
13.《历代西湖文选专辑》（杭州出版社 2004 年出版）
14.《历代西湖文选散文专辑》（杭州出版社 2004 年出版）

15.《雷峰塔专辑》（杭州出版社 2004 年出版）
16.《西湖博览会专辑一》（杭州出版社 2004 年出版）
17.《西湖博览会专辑二》（杭州出版社 2004 年出版）
18.《西溪专辑》（杭州出版社 2004 年出版）
19.《西湖风俗专辑》（杭州出版社 2004 年出版）
20.《书院·文澜阁·西泠印社专辑》（杭州出版社 2004 年出版）
21.《西湖山水志专辑》（杭州出版社 2004 年出版）
22.《西湖寺观志专辑一》（杭州出版社 2004 年出版）
23.《西湖寺观志专辑二》（杭州出版社 2004 年出版）
24.《西湖寺观志专辑三》（杭州出版社 2004 年出版）
25.《西湖祠庙志专辑》（杭州出版社 2004 年出版）
26.《西湖诗词曲赋楹联专辑一》（杭州出版社 2004 年出版）
27.《西湖诗词曲赋楹联专辑二》（杭州出版社 2004 年出版）
28.《西湖小说专辑一》（杭州出版社 2004 年出版）
29.《西湖小说专辑二》（杭州出版社 2004 年出版）
30.《海外西湖史料专辑》（杭州出版社 2004 年出版）
31.《清代西湖史料》（杭州出版社 2013 年出版）
32.《民国西湖史料一》（杭州出版社 2013 年出版）
33.《民国西湖史料二》（杭州出版社 2013 年出版）
34.《西湖寺观史料一》（杭州出版社 2013 年出版）
35.《西湖寺观史料二》（杭州出版社 2013 年出版）
36.《西湖博览会史料一》（杭州出版社 2013 年出版）
37.《西湖博览会史料二》（杭州出版社 2013 年出版）
38.《西湖博览会史料三》（杭州出版社 2013 年出版）
39.《西湖博览会史料四》（杭州出版社 2013 年出版）
40.《西湖博览会史料五》（杭州出版社 2013 年出版）
41.《明清西湖史料》（杭州出版社 2015 年出版）
42.《民国西湖史料（一）》（杭州出版社 2015 年出版）
43.《民国西湖史料（二）》（杭州出版社 2015 年出版）
44.《西湖书院史料（一）》（杭州出版社 2016 年出版）
45.《西湖书院史料（二）》（杭州出版社 2016 年出版）
46.《西湖戏曲史料》（杭州出版社 2016 年出版）
47.《西湖诗词史料》（杭州出版社 2016 年出版）
48.《西湖小说史料（一）》（杭州出版社 2016 年出版）
49.《西湖小说史料（二）》（杭州出版社 2016 年出版）
50.《西湖小说史料（三）》（杭州出版社 2016 年出版）

西溪文献集成

1.《西溪地理史料》（杭州出版社 2016 年出版）
2.《西溪洪氏、沈氏家族史料》（杭州出版社 2015 年出版）
3.《西溪丁氏家族史料》（杭州出版社 2015 年出版）
4.《西溪两浙词人祠堂·蕉园诗社史料》（杭州出版社 2016 年出版）
5.《西溪蒋氏家族、其他人物史料》（杭州出版社 2017 年出版）
6.《西溪诗词》（杭州出版社 2017 年出版）
7.《西溪文选》（杭州出版社 2016 年出版）
8.《西溪文物图录·书画金石》（杭州出版社 2016 年出版）
9.《西溪宗教史料》（杭州出版社 2016 年出版）

运河（河道）文献集成

1.《杭州运河（河道）文献集成（第 1 册）》（浙江古籍出版社 2018 年出版）
2.《杭州运河（河道）文献集成（第 2 册）》（浙江古籍出版社 2018 年出版）
3.《杭州运河（河道）文献集成（第 3 册）》（浙江古籍出版社 2018 年出版）
4.《杭州运河（河道）文献集成（第 4 册）》（浙江古籍出版社 2018 年出版）

钱塘江文献集成

1.《钱塘江海塘史料（一）》（杭州出版社 2014 年出版）
2.《钱塘江海塘史料（二）》（杭州出版社 2014 年出版）
3.《钱塘江海塘史料（三）》（杭州出版社 2014 年出版）
4.《钱塘江海塘史料（四）》（杭州出版社 2014 年出版）
5.《钱塘江海塘史料（五）》（杭州出版社 2014 年出版）
6.《钱塘江海塘史料（六）》（杭州出版社 2014 年出版）
7.《钱塘江海塘史料（七）》（杭州出版社 2014 年出版）
8.《钱塘江潮史料》（杭州出版社 2016 年出版）
9.《钱塘江大桥史料（一）》（杭州出版社 2015 年出版）
10.《钱塘江大桥史料（二）》（杭州出版社 2015 年出版）
11.《钱塘江大桥史料（三）》（杭州出版社 2017 年出版）
12.《海宁专辑（一）》（杭州出版社 2015 年出版）
13.《海宁专辑（二）》（杭州出版社 2015 年出版）
14.《钱塘江史书史料（一）》（杭州出版社 2016 年出版）
15.《城区专辑》（杭州出版社 2016 年出版）
16.《之江大学专辑》（杭州出版社 2016 年出版）

17.《钱塘江小说史料》（杭州出版社 2016 年出版）
18.《钱塘江诗词史料》（杭州出版社 2016 年出版）
19.《富春江、萧山专辑》（杭州出版社 2017 年出版）
20.《钱塘江文论史料（二）》（杭州出版社 2017 年出版）
21.《钱塘江文论史料（三）》（杭州出版社 2017 年出版）
22.《钱塘江文论史料（四）》（杭州出版社 2017 年出版）
23.《钱塘江水产史料》（杭州出版社 2017 年出版）
24.《钱塘江史书史料（二）》（杭州出版社 2019 年出版）
25.《钱塘江明清实录史料》（杭州出版社 2019 年出版）
26.《钱塘江省府志史料》（杭州出版社 2019 年出版）
27.《钱塘江县志史料》（杭州出版社 2019 年出版）

余杭文献集成

《余杭历代人物碑传集（上下）》（浙江古籍出版社 2019 年出版）

湘湖（白马湖）文献集成

1.《湘湖水利文献专辑（上下）》（杭州出版社 2013 年出版）
2.《民国时期湘湖建设文献专辑》（杭州出版社 2014 年出版）
3.《历代史志湘湖文献专辑》（杭州出版社 2015 年出版）
4.《湘湖文学文献专辑》（杭州出版社 2019 年出版）

丛 书

杭州丛书

1.《钱塘楹联集锦》（杭州出版社 2013 年出版）
2.《艮山门外话桑麻（上下）》（杭州出版社 2013 年出版）
3.《钱塘拾遗（上下）》（杭州出版社 2014 年出版）
4.《说杭州（上下）》（浙江古籍出版社 2016 年出版）
5.《钱塘自古繁华——杭州城市词赏析》（浙江古籍出版社 2017 年出版）
6.《湖上笠翁——李渔与杭州饮食文化》（浙江古籍出版社 2018 年出版）

西湖丛书

1.《西溪》（杭州出版社 2004 年出版）
2.《灵隐寺》（杭州出版社 2004 年出版）
3.《北山街》（杭州出版社 2004 年出版）
4.《西湖风俗》（杭州出版社 2004 年出版）
5.《于谦祠墓》（杭州出版社 2004 年出版）
6.《西湖美景》（杭州出版社 2004 年出版）
7.《西湖博览会》（杭州出版社 2004 年出版）
8.《西湖风情画》（杭州出版社 2004 年出版）
9.《西湖龙井茶》（杭州出版社 2004 年出版）
10.《白居易与西湖》（杭州出版社 2004 年出版）
11.《苏东坡与西湖》（杭州出版社 2004 年出版）
12.《林和靖与西湖》（杭州出版社 2004 年出版）
13.《毛泽东与西湖》（杭州出版社 2004 年出版）
14.《文澜阁与四库全书》（杭州出版社 2004 年出版）
15.《岳飞墓庙》（杭州出版社 2005 年出版）
16.《西湖别墅》（杭州出版社 2005 年出版）
17.《楼外楼》（杭州出版社 2005 年出版）
18.《西泠印社》（杭州出版社 2005 年出版）
19.《西湖楹联》（杭州出版社 2005 年出版）
20.《西湖诗词》（杭州出版社 2005 年出版）
21.《西湖织绵》（杭州出版社 2005 年出版）
22.《西湖老照片》（杭州出版社 2005 年出版）
23.《西湖八十景》（杭州出版社 2005 年出版）
24.《钱镠与西湖》（杭州出版社 2005 年出版）
25.《西湖名人墓葬》（杭州出版社 2005 年出版）
26.《康熙、乾隆两帝与西湖》（杭州出版社 2005 年出版）
27.《西湖造像》（杭州出版社 2006 年出版）
28.《西湖史话》（杭州出版社 2006 年出版）
29.《西湖戏曲》（杭州出版社 2006 年出版）
30.《西湖地名》（杭州出版社 2006 年出版）
31.《胡庆余堂》（杭州出版社 2006 年出版）
32.《西湖之谜》（杭州出版社 2006 年出版）
33.《西湖传说》（杭州出版社 2006 年出版）
34.《西湖游船》（杭州出版社 2006 年出版）
35.《洪昇与西湖》（杭州出版社 2006 年出版）

36.《高僧与西湖》（杭州出版社 2006 年出版）
37.《周恩来与西湖》（杭州出版社 2006 年出版）
38.《西湖老明信片》（杭州出版社 2006 年出版）
39.《西湖匾额》（杭州出版社 2007 年出版）
40.《西湖小品》（杭州出版社 2007 年出版）
41.《西湖游艺》（杭州出版社 2007 年出版）
42.《西湖亭阁》（杭州出版社 2007 年出版）
43.《西湖花卉》（杭州出版社 2007 年出版）
44.《司徒雷登与西湖》（杭州出版社 2007 年出版）
45.《吴山》（杭州出版社 2008 年出版）
46.《湖滨》（杭州出版社 2008 年出版）
47.《六和塔》（杭州出版社 2008 年出版）
48.《西湖绘画》（杭州出版社 2008 年出版）
49.《西湖名人》（杭州出版社 2008 年出版）
50.《纸币西湖》（杭州出版社 2008 年出版）
51.《西湖书法》（杭州出版社 2008 年出版）
52.《万松书缘》（杭州出版社 2008 年出版）
53.《西湖之堤》（杭州出版社 2008 年出版）
54.《巴金与西湖》（杭州出版社 2008 年出版）
55.《西湖名碑》（杭州出版社 2013 年出版）
56.《西湖孤山》（杭州出版社 2013 年出版）
57.《西湖茶文化》（杭州出版社 2013 年出版）
58.《宋画与西湖》（杭州出版社 2013 年出版）
59.《西湖文献撷英》（杭州出版社 2013 年出版）
60.《章太炎与西湖》（杭州出版社 2013 年出版）
61.《品味西湖三十景》（杭州出版社 2013 年出版）
62.《西湖赏石》（杭州出版社 2014 年出版）
63.《西湖一勺水——杭州西湖水井地图考略》
（浙江人民美术出版社 2019 年出版））
64.《行走西湖山水间》（杭州出版社 2019 年出版）
65.《西湖摩崖萃珍一百品》（杭州出版社 2019 年出版）
66.《诗缘西子湖》（杭州出版社 2020 年出版）

西溪丛书

1.《西溪寻踪》（杭州出版社 2007 年出版）
2.《西溪的传说》（杭州出版社 2007 年出版）
3.《西溪的动物》（杭州出版社 2007 年出版）
4.《西溪的植物》（杭州出版社 2007 年出版）
5.《西溪沿山十八坞》（杭州出版社 2007 年出版）
6.《西溪历代诗文选》（杭州出版社 2007 年出版）
7.《西溪书法楹联集》（杭州出版社 2007 年出版）
8.《西溪历史文化探述》（杭州出版社 2007 年出版）
9.《西溪胜景历史遗迹》（杭州出版社 2007 年出版）
10.《西溪的水》（杭州出版社 2012 年出版）
11.《西溪的桥》（杭州出版社 2012 年出版）
12.《西溪游记》（杭州出版社 2012 年出版）
13.《西溪丛语》（杭州出版社 2012 年出版）
14.《西溪画寻》（杭州出版社 2012 年出版）
15.《西溪民俗》（杭州出版社 2012 年出版）
16.《西溪雅士》（杭州出版社 2012 年出版）
17.《西溪望族》（杭州出版社 2012 年出版）
18.《西溪的物产》（杭州出版社 2012 年出版）
19.《西溪与越剧》（杭州出版社 2012 年出版）
20.《西溪医药文化》（杭州出版社 2012 年出版）
21.《西溪民间风情》（杭州出版社 2012 年出版）
22.《西溪民间故事》（杭州出版社 2012 年出版）
23.《西溪民间工艺》（杭州出版社 2012 年出版）
24.《西溪古镇古村落》（杭州出版社 2012 年出版）
25.《西溪的历史建筑》（杭州出版社 2012 年出版）
26.《西溪的宗教文化》（杭州出版社 2012 年出版）
27.《西溪与蕉园诗社》（杭州出版社 2012 年出版）
28.《西溪集古楹联匾额》（杭州出版社 2012 年出版）
29.《西溪蒋坦与〈秋灯琐忆〉》（杭州出版社 2012 年出版）
30.《西溪名人》（杭州出版社 2013 年出版）
31.《西溪隐红》（杭州出版社 2013 年出版）
32.《西溪留下》（杭州出版社 2013 年出版）
33.《西溪山坞》（杭州出版社 2013 年出版）
34.《西溪揽胜》（杭州出版社 2013 年出版）
35.《西溪与水浒》（杭州出版社 2013 年出版）

36.《西溪诗词选注》（杭州出版社 2013 年出版）
37.《西溪地名揽萃》（杭州出版社 2013 年出版）
38.《西溪的龙舟胜会》（杭州出版社 2013 年出版）
39.《西溪民间语言趣谈》（杭州出版社 2013 年出版）
40.《西溪新吟》（浙江人民出版社 2016 年出版）
41.《西溪商贸》（浙江人民出版社 2016 年出版）
42.《西溪原住民记影》（浙江人民出版社 2016 年出版）
43.《西溪创意产业园》（浙江人民出版社 2016 年出版）
44.《西溪渔文化》（浙江人民出版社 2016 年出版）
45.《西溪旧影》（浙江人民出版社 2016 年出版）
46.《西溪洪氏》（浙江人民出版社 2016 年出版）
47.《西溪的美食文化》（浙江人民出版社 2016 年出版）
48.《西溪节日文化》（浙江人民出版社 2016 年出版）
49.《千年古刹——永兴寺》（浙江人民出版社 2017 年出版）
50.《自画西溪旧事》（杭州出版社 2018 年出版）
51.《西溪民间武术》（杭州出版社 2018 年出版）
52.《西溪心影》（杭州出版社 2018 年出版）
53.《西溪教育偶拾》（浙江人民出版社 2019 年出版）
54.《西溪湿地原住民口述史》（杭州出版社 2019 年出版）
55.《西溪花语》（杭州出版社 2019 年出版）
56.《廿四节气里的西溪韵味》（杭州出版社 2019 年出版）
57.《名人与西溪·漫游篇》（浙江人民出版社 2019 年出版）
58.《名人与西溪·世家篇》（浙江人民出版社 2019 年出版）
59.《名人与西溪·梵隐篇》（浙江人民出版社 2019 年出版）
60.《名人与西溪·乡贤篇》（浙江人民出版社 2019 年出版）
61.《名人与西溪·文苑篇》（浙江人民出版社 2019 年出版）
62.《西溪梅文化》（杭州出版社 2019 年出版）
63.《西溪食经》（浙江科学技术出版社 2020 年出版）

运河（河道）丛书

1.《杭州运河风俗》（杭州出版社 2006 年出版）
2.《杭州运河遗韵》（杭州出版社 2006 年出版）
3.《杭州运河文献（上下）》（杭州出版社 2006 年出版）
4.《京杭大运河图说》（杭州出版社 2006 年出版）
5.《杭州运河历史研究》（杭州出版社 2006 年出版）
6.《杭州运河桥船码头》（杭州出版社 2006 年出版）

7.《杭州运河古诗词选评》（杭州出版社 2006 年出版）
8.《走近大运河·散文诗歌卷》（杭州出版社 2006 年出版）
9.《走近大运河·游记文学卷》（杭州出版社 2006 年出版）
10.《走近大运河·纪实文学卷》（杭州出版社 2006 年出版）
11.《走近大运河·传说故事卷》（杭州出版社 2006 年出版）
12.《走近大运河·美术摄影书法采风作品集》（杭州出版社 2006 年出版）
13.《杭州运河治理》（杭州出版社 2013 年出版）
14.《杭州运河新貌》（杭州出版社 2013 年出版）
15.《杭州运河歌谣》（杭州出版社 2013 年出版）
16.《杭州运河戏曲》（杭州出版社 2013 年出版）
17.《杭州运河集市》（杭州出版社 2013 年出版）
18.《杭州运河桥梁》（杭州出版社 2013 年出版）
19.《穿越千年的通途》（杭州出版社 2013 年出版）
20.《穿花泄月绕城来》（杭州出版社 2013 年出版）
21.《烟柳运河一脉清》（杭州出版社 2013 年出版）
22.《口述杭州河道历史》（杭州出版社 2013 年出版）
23.《杭州运河历史建筑》（杭州出版社 2013 年出版）
24.《杭州河道历史建筑》（杭州出版社 2013 年出版）
25.《外国人眼中的大运河》（杭州出版社 2013 年出版）
26.《杭州河道诗词楹联选粹》（杭州出版社 2013 年出版）
27.《杭州运河非物质文化遗产》（杭州出版社 2013 年出版）
28.《杭州运河宗教文化掠影》（杭州出版社 2013 年出版）
29.《杭州运河土特产》（杭州出版社 2013 年出版）
30.《杭州运河史话》（杭州出版社 2013 年出版）
31.《杭州运河旅游》（杭州出版社 2013 年出版）
32.《杭州河道文明探寻》（杭州出版社 2013 年出版）
33.《杭州运河名人》（杭州出版社 2014 年出版）
34.《中东河新传》（杭州出版社 2015 年出版）
35.《杭州运河船》（杭州出版社 2015 年出版）
36.《杭州运河名胜》（杭州出版社 2015 年出版）
37.《杭州河道社区》（杭州出版社 2015 年出版）
38.《运河边的租界——拱宸桥》（杭州出版社 2015 年出版）
39.《运河文化名镇塘栖》（杭州出版社 2015 年出版）
40.《杭州运河旧影》（杭州出版社 2017 年出版）
41.《运河上的杭州》（浙江人民美术出版社 2017 年出版）
42.《西湖绸伞寻踪》（浙江人民美术出版社 2017 年出版）
43.《杭州运河文化之旅》（浙江人民美术出版社 2017 年出版）

44.《亲历杭州河道治理》（浙江古籍出版社 2018 年出版）
45.《杭州河道故事与传说》（浙江古籍出版社 2018 年出版）
46.《杭州运河老厂》（杭州出版社 2018 年出版）
47.《运河村落的蚕丝情结》（杭州出版社 2018 年出版）
48.《运河文物故事》（杭州出版社 2019 年出版）
49.《杭州河道名称历史由来》（浙江古籍出版社 2019 年出版）
50.《杭州古代河道治理》（杭州出版社 2019 年出版）

钱塘江丛书

1.《钱塘江传说》（杭州出版社 2013 年出版）
2.《钱塘江名人》（杭州出版社 2013 年出版）
3.《钱塘江金融文化》（杭州出版社 2013 年出版）
4.《钱塘江医药文化》（杭州出版社 2013 年出版）
5.《钱塘江历史建筑》（杭州出版社 2013 年出版）
6.《钱塘江古镇梅城》（杭州出版社 2013 年出版）
7.《茅以升和钱塘江大桥》（杭州出版社 2013 年出版）
8.《古邑分水》（杭州出版社 2013 年出版）
9.《孙权故里》（杭州出版社 2013 年出版）
10.《钱塘江风光》（杭州出版社 2013 年出版）
11.《钱塘江戏曲》（杭州出版社 2013 年出版）
12.《钱塘江风俗》（杭州出版社 2013 年出版）
13.《淳安千岛湖》（杭州出版社 2013 年出版）
14.《钱塘江航运》（杭州出版社 2013 年出版）
15.《钱塘江旧影》（杭州出版社 2013 年出版）
16.《钱塘江水电站》（杭州出版社 2013 年出版）
17.《钱塘江水上运动》（杭州出版社 2013 年出版）
18.《钱塘江民间工艺美术》（杭州出版社 2013 年出版）
19.《黄公望与〈富春山居图〉》（杭州出版社 2013 年出版）
20.《钱江梵影》（杭州出版社 2014 年出版）
21.《严光与严子陵钓台》（杭州出版社 2014 年出版）
22.《钱塘江史话》（杭州出版社 2014 年出版）
23.《桐君山》（杭州出版社 2014 年出版）
24.《钱塘江藏书与刻书文化》（杭州出版社 2014 年出版）
25.《外国人眼中的钱塘江》（杭州出版社 2014 年出版）
26.《钱塘江绘画》（杭州出版社 2014 年出版）
27.《钱塘江饮食》（杭州出版社 2014 年出版）

28.《钱塘江游记》（杭州出版社 2014 年出版）
29.《钱塘江茶史》（杭州出版社 2015 年出版）
30.《钱江潮与弄潮儿》（杭州出版社 2015 年出版）
31.《之江大学史》（杭州出版社 2015 年出版）
32.《钱塘江方言》（杭州出版社 2015 年出版）
33.《钱塘江船舶》（杭州出版社 2017 年出版）
34.《城·水·光·影——杭州钱江新城亮灯工程》（杭州出版社 2018 年出版）

良渚丛书

1.《神巫的世界》（杭州出版社 2013 年出版）
2.《纹饰的秘密》（杭州出版社 2013 年出版）
3.《玉器的故事》（杭州出版社 2013 年出版）
4.《从村居到王城》（杭州出版社 2013 年出版）
5.《良渚人的衣食》（杭州出版社 2013 年出版）
6.《良渚文明的圣地》（杭州出版社 2013 年出版）
7.《神人兽面的真像》（杭州出版社 2013 年出版）
8.《良渚文化发现人施昕更》（杭州出版社 2013 年出版）
9.《良渚文化的古环境》（杭州出版社 2014 年出版）
10.《良渚文化的水井》（浙江古籍出版社 2015 年出版）

余杭丛书

1.《品味塘栖》（浙江古籍出版社 2015 年出版）
2.《吃在塘栖》（浙江古籍出版社 2016 年出版）
3.《塘栖蜜饯》（浙江古籍出版社 2017 年出版）
4.《村落拾遗》（浙江古籍出版社 2017 年出版）
5.《余杭老古话》（浙江古籍出版社 2018 年出版）
6.《传说塘栖》（浙江古籍出版社 2019 年出版）
7.《余杭奇人陈元赟》（浙江古籍出版社 2019 年出版）
8.《章太炎讲国学》（上海人民出版社 2019 年出版）
9.《章太炎家书》（上海人民出版社 2019 年出版）

湘湖（白马湖）丛书

1.《湘湖史话》（杭州出版社 2013 年出版）
2.《湘湖传说》（杭州出版社 2013 年出版）

3.《东方文化园》（杭州出版社 2013 年出版）
4.《任伯年评传》（杭州出版社 2013 年出版）
5.《湘湖风俗》（杭州出版社 2013 年出版）
6.《一代名幕汪辉祖》（杭州出版社 2014 年出版）
7.《湘湖诗韵》（浙江古籍出版社 2014 年出版）
8.《白马湖诗词》（西泠印社出版社 2014 年出版）
9.《白马湖传说》（西泠印社出版社 2014 年出版）
10.《画韵湘湖》（浙江摄影出版社 2015 年出版）
11.《湘湖人物》（浙江古籍出版社 2015 年出版）
12.《白马湖俗语》（西泠印社出版社 2015 年出版）
13.《湘湖楹联》（杭州出版社 2016 年出版）
14.《湘湖诗词（上下）》（杭州出版社 2016 年出版）
15.《湘湖物产》（浙江古籍出版社 2016 年出版）
16.《湘湖故事新编》（浙江人民出版社 2016 年出版）
17.《白马湖风物》（西泠印社出版社 2016 年出版）
18.《湘湖记忆》（杭州出版社 2016 年出版）
19.《湘湖民间文化遗存》（西泠印社出版社 2016 年出版）
20.《汪辉祖家训》（杭州出版社 2017 年出版）
21.《诗狂贺知章》（浙江人民出版社 2017 年出版）
22.《西兴史迹寻踪》（西泠印社出版社 2017 年出版）
23.《来氏与九厅十三堂》（西泠印社出版社 2017 年出版）
24.《白马湖楹联碑记》（西泠印社出版社 2017 年出版）
25.《湘湖新咏》（西泠印社出版社 2017 年出版）
26.《湘湖之谜》（浙江人民出版社 2017 年出版）
27.《长河史迹寻踪》（西泠印社出版社 2017 年出版）
28.《湘湖宗谱与宗祠》（杭州出版社 2018 年出版）
29.《毛奇龄与湘湖》（浙江人民出版社 2018 年出版）
30.《湘湖图说》（浙江人民出版社 2018 年出版）
31.《萧山官河两岸乡贤书画逸闻》（西泠印社出版社 2019 年出版）
32.《民国湘湖轶事》（浙江人民出版社 2020 年出版）

研究报告

杭州研究报告

1.《金砖四城——杭州都市经济圈解析》（杭州出版社 2013 年出版）

2.《民间文化杭州论稿》（杭州出版社 2013 年出版）
3.《杭州方言与宋室南迁》（杭州出版社 2013 年出版）
4.《一座城市的味觉遗香——杭州饮食文化遗产研究》（浙江古籍出版社 2018 年出版）

西湖研究报告

《西湖景观题名文化研究》（杭州出版社 2016 年出版）

西溪研究报告

1.《西溪研究报告（一）》（杭州出版社 2016 年出版）
2.《西溪研究报告（二）》（杭州出版社 2017 年出版）
3.《湿地保护与利用的“西溪模式”——城市管理者培训特色教材·西溪篇》（杭州出版社 2017 年出版）
4.《西溪专题史研究》（杭州出版社 2018 年出版）
5.《西溪历史文化景观研究》（杭州出版社 2019 年出版）

运河（河道）研究报告

1.《杭州河道研究报告（一）》（浙江古籍出版社 2015 年出版）
2.《中国大运河保护与利用的杭州模式——城市管理者培训特色教材·运河篇》（杭州出版社 2018 年出版）
3.《杭州河道有机更新实践创新与经验启示——城市管理者培训特色教材·河道篇》（杭州出版社 2019 年出版）
4.《杭州运河（河道）专题史研究（上下）》（杭州出版社 2019 年出版）

钱塘江研究报告

1.《钱塘江研究报告（一）》（杭州出版社 2013 年出版）
2.《潮涌新城：杭州钱江新城建设历程、经验与启示——城市管理者教材》（杭州出版社 2019 年出版）

良渚研究报告

《良渚古城墙铺垫石研究报告》（浙江古籍出版社 2018 年出版）

余杭研究报告

1.《慧焰薪传——径山禅茶文化研究》（杭州出版社 2014 年出版）
2.《沈括研究》（浙江古籍出版社 2016 年出版）

湘湖（白马湖）研究报告

1.《九个世纪的嬗变——中国·杭州湘湖开筑 900 周年学术论坛文集》（浙江古籍出版社 2014 年出版）
2.《湘湖保护与开发研究报告（一）》（杭州出版社 2015 年出版）
3.《湘湖文化保护与旅游开发研讨会论文集》（浙江古籍出版社 2015 年出版）
4.《湘湖战略定位与保护发展对策研究》（浙江古籍出版社 2016 年出版）
5.《湘湖金融历史文化研究文集》（浙江人民出版社 2016 年出版）
6.《湘湖综合保护与开发：经验·历程·启示——城市管理者培训特色教材·湘湖篇》（杭州出版社 2018 年出版）
7.《杨时与湘湖研究文集》（浙江人民出版社 2018 年出版）
8.《湘湖研究论文专辑》（杭州出版社 2018 年出版）
9.《湘湖历史文化调查报告（上下）》（杭州出版社 2018 年出版）
10.《湘湖（白马湖）专题史（上下）》（浙江人民出版社 2019 年出版）
11.《湘湖研究论丛——陈志根湘湖研究论文选》（浙江人民出版社 2019 年出版）

南宋史研究丛书

1.《南宋史研究论丛（上下）》（杭州出版社 2008 年出版）
2.《朱熹研究》（人民出版社 2008 年出版）
3.《叶适研究》（人民出版社 2008 年出版）
4.《陆游研究》（人民出版社 2008 年出版）
5.《马扩研究》（人民出版社 2008 年出版）
6.《岳飞研究》（人民出版社 2008 年出版）
7.《秦桧研究》（人民出版社 2008 年出版）
8.《宋理宗研究》（人民出版社 2008 年出版）
9.《文天祥研究》（人民出版社 2008 年出版）
10.《辛弃疾研究》（人民出版社 2008 年出版）
11.《陆九渊研究》（人民出版社 2008 年出版）
12.《南宋官窑》（杭州出版社 2008 年出版）

13.《南宋临安城考古》（杭州出版社 2008 年出版）
14.《南宋临安典籍文化》（杭州出版社 2008 年出版）
15.《南宋都城临安》（杭州出版社 2008 年出版）
16.《南宋史学史》（人民出版社 2008 年出版）
17.《南宋宗教史》（人民出版社 2008 年出版）
18.《南宋政治史》（人民出版社 2008 年出版）
19.《南宋人口史》（上海古籍出版社 2008 年出版）
20.《南宋交通史》（上海古籍出版社 2008 年出版）
21.《南宋教育史》（上海古籍出版社 2008 年出版）
22.《南宋思想史》（上海古籍出版社 2008 年出版）
23.《南宋军事史》（上海古籍出版社 2008 年出版）
24.《南宋手工业史》（上海古籍出版社 2008 年出版）
25.《南宋绘画史》（上海古籍出版社 2008 年出版）
26.《南宋书法史》（上海古籍出版社 2008 年出版）
27.《南宋戏曲史》（上海古籍出版社 2008 年出版）
28.《南宋临安大事记》（杭州出版社 2008 年出版）
29.《南宋临安对外交流》（杭州出版社 2008 年出版）
30.《南宋文学史》（人民出版社 2009 年出版）
31.《南宋科技史》（人民出版社 2009 年出版）
32.《南宋城镇史》（人民出版社 2009 年出版）
33.《南宋科举制度史》（人民出版社 2009 年出版）
34.《南宋临安工商业》（人民出版社 2009 年出版）
35.《南宋农业史》（人民出版社 2010 年出版）
36.《南宋临安文化》（杭州出版社 2010 年出版）
37.《南宋临安宗教》（杭州出版社 2010 年出版）
38.《南宋名人与临安》（杭州出版社 2010 年出版）
39.《南宋法制史》（人民出版社 2011 年出版）
40.《南宋临安社会生活》（杭州出版社 2011 年出版）
41.《宋画中的南宋建筑》（西泠印社出版社 2011 年出版）
42.《南宋舒州公牍佚简整理与研究》（上海古籍出版社 2011 年出版）
43.《南宋全史（一）》（上海古籍出版社 2011 年出版）
44.《南宋全史（二）》（上海古籍出版社 2011 年出版）
45.《南宋全史（三）》（上海古籍出版社 2012 年出版）
46.《南宋全史（四）》（上海古籍出版社 2012 年出版）
47.《南宋全史（五）》（上海古籍出版社 2012 年出版）
48.《南宋全史（六）》（上海古籍出版社 2012 年出版）
49.《南宋全史（七）》（上海古籍出版社 2015 年出版）

50.《南宋全史（八）》（上海古籍出版社 2015 年出版）
51.《南宋美学思想研究》（上海古籍出版社 2012 年出版）
52.《南宋川陕边行政运行体制研究》（上海古籍出版社 2012 年出版）
53.《南宋藏书史》（人民出版社 2013 年出版）
54.《南宋陶瓷史》（上海古籍出版社 2013 年出版）
55.《南宋明州先贤祠研究》（上海古籍出版社 2013 年出版）
56.《南宋建筑史》（上海古籍出版社 2014 年出版）
57.《金人“中国”观研究》（上海古籍出版社 2014 年出版）
58.《宋金交聘制度研究》（上海古籍出版社 2014 年出版）
59.《图说宋人服饰》（上海古籍出版社 2014 年出版）
60.《南宋社会民间纠纷及其解决途径研究》（上海古籍出版社 2015 年出版）
61.《〈咸淳临安志〉宋版“京城四图”复原研究》（上海古籍出版社 2015 年出版）
62.《南宋都城临安研究——以考古为中心》（上海古籍出版社 2016 年出版）
63.《两宋宗室研究——以制度考察为中心（上下）》（上海古籍出版社 2016 年出版）
64.《南宋园林史》（上海古籍出版社 2017 年出版）
65.《道命录》（上海古籍出版社 2017 年出版）
66.《毗陵集》（上海古籍出版社 2017 年出版）
67.《西湖游览志》（上海古籍出版社 2017 年出版）
68.《西湖游览志馀》（上海古籍出版社 2018 年出版）
69.《建炎以来系年要录（全八册）》（上海古籍出版社 2018 年出版）
70.《南宋理学一代宗师杨时思想研究》（上海古籍出版社 2018 年出版）

南宋研究报告

1.《两宋“一带一路”战略·长江经济带战略研究》（杭州出版社 2018 年出版）
2.《南北融合：两宋与“一带一路”建设研究》（杭州出版社 2018 年出版）

通　史

西溪通史

《西溪通史（全三卷）》（杭州出版社 2017 年出版）

杭|州|全|书